16	3	2	13
5	10	11	8
9	6	7	12
4	15	14	1

Aidan Macfarlane
Magnus Macfarlane
Philip Robson

Adaptação de Lidia Chaib

QUE DROGA
É ESSA?

A verdade sobre as drogas e seus efeitos;
por que as pessoas usam e o que sentem

Tradução de Alexandre Barbosa de Souza

editora■34

EDITORA 34

Editora 34 Ltda.
Rua Hungria, 592 Jardim Europa CEP 01455-000
São Paulo - SP Brasil Tel/Fax (11) 3816-6777 www.editora34.com.br

Copyright © Editora 34 Ltda. (edição brasileira), 2003
The User: Voices from the Drug Scene © A. Macfarlane,
M. Macfarlane e Philip Robson, 1996
Esta tradução de *The User: Voices from the Drug Scene*, publicado
originalmente em inglês em 1996, é publicada em português sob
licença da Oxford University Press. Direitos exclusivos para o Brasil.
Adaptação © Lidia Chaib, 2003/2012
Ilustrações © Guilherme Marcondes, 2003

A FOTOCÓPIA DE QUALQUER FOLHA DESTE LIVRO É ILEGAL E CONFIGURA UMA
APROPRIAÇÃO INDEVIDA DOS DIREITOS INTELECTUAIS E PATRIMONIAIS DO AUTOR.

Edição conforme o Acordo Ortográfico da Língua Portuguesa.

Capa, projeto gráfico e editoração eletrônica:
Bracher & Malta Produção Gráfica

Revisão:
Cide Piquet, Alberto Martins

1ª Edição - 2003, 2ª Edição - 2012

Catalogação na Fonte do Departamento Nacional do Livro
(Fundação Biblioteca Nacional, RJ, Brasil)

Macfarlane, Aidan
M131q   Que droga é essa? / Aidan Macfarlane, Magnus
        Macfarlane e Philip Robson; adaptação de Lidia Chaib;
        ilustrações de Guilherme Marcondes; tradução de
        Alexandre Barbosa de Souza — São Paulo: Ed. 34, 2003.
        200 p.

        ISBN 978-85-7326-269-8

        Tradução de: The User

                1. Divulgação científica - As drogas e seus
        efeitos. I. Macfarlane, Magnus. II. Robson, Philip.
        III. Chaib, Lidia. IV. Marcondes, Guilherme.
        V. Souza, Alexandre Barbosa de. VI. Título.

                                                CDD - 362.29

NOTA À 2ª EDIÇÃO BRASILEIRA

Que droga é essa? é uma adaptação do livro *The User*, publicado na Inglaterra em 1996. Mantive a estrutura do original, apresentando relatos de experiências de usuários e não usuários, associados a informações precisas sobre a história, os efeitos, os dados estatísticos sobre o uso de cada droga e a legislação vigente.

Todos os depoimentos — de usuários, pais, autoridades médicas, jurídicas e policiais — foram extraídos de entrevistas com pessoas reais, brasileiras. Para preservar suas identidades alguns nomes foram trocados.

Nesta segunda edição, os dados relativos ao consumo de drogas no Brasil foram atualizados com base nas pesquisas realizadas pelo Centro Brasileiro de Informações sobre Drogas Psicotrópicas (CEBRID): *V Levantamento sobre o consumo de drogas psicotrópicas entre estudantes do ensino fundamental e médio da rede pública de ensino nas 27 capitais brasileiras* (2004) e *II Levantamento domiciliar sobre o uso de drogas psicotrópicas no Brasil: estudo envolvendo as 108 maiores cidades do país* (2005). Vinculado ao Departamento de Psicobiologia da Universidade Federal de São Paulo, o CEBRID é uma das fontes mais seguras para se conhecer a realidade do consumo de drogas em nosso país.

Durante o trabalho neste livro, pude verificar que no Brasil existem profissionais que atuam na vanguarda das pesquisas e dos procedimentos para o tratamento de dependentes de drogas. E que as novas e eficazes estratégias de educação preventiva estão voltadas para encorajar o jovem à autorrealização, à autoestima e ao desenvolvimento do senso de responsabilidade para com a própria vida. Também temos profissionais que, atentos às injustiças, questionam as leis e sua aplicação, promovendo o debate jurídico na defesa da saúde e do bem-estar das pessoas.

Lidia Chaib

Índice

Prefácio, *Rosely Sayão* 9

1. Glossário 13
2. *Carlos* 20
3. O uso de drogas em geral 29
4. *Adriana nunca usou drogas* 34
5. Usuários e não usuários de drogas ilegais 38
6. *Cristina tem 13 anos* 44
7. *Joana, mãe de Cristina* 49
8. A exposição às drogas 52
9. *Ana fuma maconha de vez em quando* 54
10. *Marlene ficou muito assustada quando descobriu que seu filho de 14 anos estava fumando maconha* 58
11. Maconha (*Cannabis sativa*) 61
12. *André já foi pego duas vezes fumando maconha* 67
13. Se você for preso 73
14. *Rui cheirava cola na rua* 94
15. Inalantes e solventes 98
16. *Bruno pegou pesado* 103
17. *Fabiana, mãe de Bruno* 108
18. Álcool 111
19. *Solange tomou ecstasy numa rave* 114
20. *Ecstasy* 118
21. *Davi já frequentou a União do Vegetal* 122

22. Psicodélicos e alucinógenos	124
23. *Marcelo já tomou de tudo*	131
24. Anfetaminas	136
25. Tranquilizantes e pílulas para dormir	140
26. *Susana é dependente de crack*	145
27. Cocaína, crack e merla	156
28. A cena do tráfico	161
29. Ópio	167
30. Anabolizantes	171
31. Armando Tambelli Júnior, orientador educacional	173
32. Dorot Wallach Verea, psicóloga	177
33. Dr. Auro Danny Lescher, psiquiatra	180
34. Dr. Dartiu Xavier da Silveira, psiquiatra	183
35. Algumas entidades que trabalham com prevenção, tratamento, pesquisa e orientação	191
36. Bibliografia comentada	195
Agradecimentos	199

Prefácio

"Mais um livro sobre drogas!", foi logo o que pensei assim que os originais de *Que droga é essa?* chegaram às minhas mãos. E minha reação tinha bons motivos: ainda hoje é muito difícil encontrar um livro que aborde o tema de modo sensato, principalmente quando dirigido aos jovens. E, confesso, foi com uma boa dose de preconceito que iniciei sua leitura.

Mas, superada a resistência inicial, fui agradavelmente surpreendida. E agora, terminada a leitura — que certamente não será a última —, posso afirmar: enfim podemos contar com um livro sobre drogas que não é alarmista tampouco moralista, e que não usa uma linguagem baseada nos discursos a que estamos acostumados, ou seja, médico, psicológico, repressivo ou jurídico.

Enfim, um livro realista! A começar pelos depoimentos: todos são tão familiares que dá até para desconfiar que um deles foi baseado na história de seu amigo, ou na daquela colega do colégio, ou na do filho de sua prima. Ou — quem sabe? — na sua própria história. Pois essa identificação, aliada ao modo isento e desprovido de estereótipos com que informações importantes são passadas, é o que confere valor a este livro.

O uso de drogas entre os jovens tem sido, cada vez mais, motivo de preocupação para todos. É um problema do mundo atual? Nem de longe! Desde sua origem, o ser humano usa substâncias com o objetivo de alterar sua percepção, seu humor, sua disposição, sua forma de ver o mundo. E até hoje não se encontrou nenhuma solução satisfatória para o problema.

Prefácio

Atualmente o uso de drogas entre os jovens cresce rapidamente por vários motivos, e um deles merece atenção especial. Vivemos uma fase de apologia à "pílula mágica". A ciência médica moderna, em especial, oferece medicamentos que prometem aliviar quase todos os sofrimentos humanos. Tanto os do corpo quanto os do psiquismo.

Hoje, quem sofre de depressão, ansiedade, estresse, pânico, fadiga, alternância de humor, por exemplo, não vacila: procura logo um médico na esperança de uma receita química para atenuar seu sofrimento. E não é exatamente esse o conceito que está por trás do uso das drogas? Problemas complexos e sensações dolorosas não faltam na vida de qualquer adolescente. Pois a droga oferece uma solução rápida e quase mágica para que sejam minimizados. Pelo menos temporariamente.

Não podemos negar que a promessa contida no uso das drogas é muito atraente. Mas esse uso comporta riscos, maiores ou menores. O fato é que ter medo das drogas é o maior risco. Então como evitar, como prevenir o problema?

A proibição pura e simples nunca resolve. Como diz Carlos, em um trecho de seu depoimento: "Porque não tem jeito. Você fala não, proíbe, mas as pessoas vão continuar tomando droga, porque tem, tem, e não tem jeito".

Ter diálogo franco e aberto com os pais é fundamental. A esse respeito, Ana conta em seu relato: "Eles falaram tudo. Tudo o que é bom e o que é ruim. O bom é o barato, que às vezes pode desenvolver a criatividade e abrir a cabeça. O mal é o excesso, que faz exatamente o contrário, você acaba ficando só na ideia e não faz mais nada. Achei que eles estavam certos".

Mas vamos com calma, avisa a psicóloga Dorot quando fala da importância da família na prevenção: "Eu começaria dizendo que os pais não são onipotentes. A gente faz o melhor que pode. Mas nada dá garantia de que seu filho não será um dependente".

Até hoje a política mais utilizada na prevenção ou contenção do uso de drogas foi a repressiva. Que nunca funcionou. Já era, portanto, hora de mudar. Já há alguns anos o Brasil tenta implantar uma política cuja premissa fundamental é a redução de danos. Nada mais simples e ousado: ao invés de buscar o ideal, a política de redução de danos persegue o possível. Muito mais fácil tentar diminuir os riscos para os usuários de drogas, do que alimentar a ilusão de que eles querem ou conseguem abandonar o uso.

Por isso este livro chega em bom momento: ele também recusa a abordagem repressiva e adota a linha da redução de danos. Sua leitura oferece uma visão realista — que por isso mesmo incomoda — e informações que podem ser bem usadas por qualquer um: por quem não usa drogas, por quem é contra o uso delas, por quem usa de vez em quando, ou por quem já usou, por exemplo.

Mas o que o livro provoca, mesmo, é a reflexão. Muito mais coerente é pensar na possibilidade de enfrentar o assunto sem hipocrisia ou ilusões. Muito mais viável é procurar reduzir os riscos no uso de drogas, do que imaginar que podemos acabar com elas. Afinal, correr riscos faz parte da vida, e o uso de drogas faz parte da história da humanidade.

Rosely Sayão

1. Glossário

ÁCIDO: nome popular do LSD, vendido em comprimidos ou em pequenos pedacinhos de papel embebidos da substância.

ALCALOIDE: substância que contém basicamente nitrogênio, oxigênio, hidrogênio e carbono. É derivada de plantas e seus nomes geralmente terminam em *ina*, como cafeína, cocaína e nicotina.

ALUCINÓGENO: substância que altera o funcionamento do cérebro, levando a pessoa a sentir, ouvir e ver coisas que não existem.

ANABOLIZANTE: droga feita à base de testosterona, um hormônio masculino, usada para ganhar massa muscular.

ANALGÉSICO: tipo de sedativo, medicamento que reduz a atividade do cérebro e é capaz de diminuir a dor.

ANFETAMINA: droga estimulante do sistema nervoso central, usada também como remédio para emagrecer. Provoca dependência.

ANSIOLÍTICOS: medicamentos que têm a propriedade de diminuir a tensão e ansiedade, sem afetar demasiadamente as funções motoras e psíquicas. São os tranquilizantes, calmantes ou sedativos.

AVIÃO: pessoa a serviço do tráfico, que entrega ou vende a droga para o usuário.

Glossário   13

AYAHUASCA: bebida psicoativa feita com as plantas caapi e chacrona, tomada em rituais religiosos como a União do Vegetal. Oasca; hoasca.

B-25: cola para acrílico, cujo principal componente é o cloreto de metileno. Provoca tontura e perda momentânea da consciência.

BAD TRIP: "viagem ruim"; depressão, ansiedade, pânico ou outra sensação negativa vivida sob o efeito de droga.

BAQUE: injeção nas veias, não importando com qual substância psicoativa; pico.

BARATO: efeito provocado pela droga.

BASEADO: cigarro de maconha; charo, chara, bagulho, bamba, beise, beque, bomba, bucha, fininho ou finório, tronca, um ou unzinho, vela.

BEBIDA ALCOÓLICA: substância psicoativa, depressora do sistema nervoso central, produzida e comercializada legalmente no Brasil. O abuso do álcool pode provocar acidentes, violência e vários problemas. O uso frequente desenvolve dependência física. A suspensão imediata do consumo gera a síndrome de abstinência.

BELÔ: "fruto", espiga da maconha; pequena quantidade de maconha para um ou dois baseados.

BOCA: lugar onde se vende maconha, cocaína e outras drogas; bocada.

BOLAR: enrolar um baseado.

BUZINA DA ALEGRIA: corneta que utiliza o gás butano, vendida em bancas e lojas de brinquedo. Quando inalado, o butano provoca tontura, falta de ar e/ou sensação de euforia. Pode levar à morte por asfixia.

CABEÇA ATIVA: pessoa que fumou maconha, mas continua esperta, disposta.

CAFEÍNA: estimulante do sistema circulatório e da respiração. É encontrada em plantas como café e chá. Também é usada em medicamentos e bebidas como refrigerantes e energéticos.

COCAÍNA: substância psicoativa extraída da *Erytroxylom coca*, planta nativa dos Andes. O uso intensivo leva à dependência psíquica, à paranoia, insônia e depressão. Quando tem a forma de um sal branco e cristalino (cloridrato de cocaína) é chamada pó, neve, brisola, brilho, branquinha, farinha, poeira etc. Pode ser inalada ou injetada.

CAFUNGAR: aspirar a cocaína.

CANOS: veias do braço; tubos.

CARINHA: pequena quantidade de maconha, o suficiente para um baseado.

CARREIRA: dose de cocaína, esticada numa pequena fila para ser aspirada.

CHÁ DE CHUMBO ou **CHÁ DE FITA**: mistura de substâncias tóxicas extraídas de pilhas, fitas cassete ou de vídeo, rica em metais pesados. Causa tontura e perda da consciência.

CHÁ DE TROMBETA: chá de lírio, de datura. É classificado como anticolinérgico, isto é: substância perturbadora do sistema nervoso central, que inibe a transmissão dos impulsos das células nervosas para as células musculares (antiespasmódico).

COGU: chá de cogumelo; chá. Não causa dependência, mas pode provocar desorientação e alucinação.

CORRERIA: ir comprar a droga.

CRACK: substância psicoativa produzida através de processo que retira a água da cocaína para que possa ser fumada, tornando-a mais perigosa ainda. Seu uso pode levar a alterações cerebrais graves e irreversíveis. O crack é também conhecido como pedra, *rock*, dadinho, granizo, migalha, pedrada etc.

Glossário

DAR UM: dar uma tragada num cigarro de maconha; dar uma bola; dar um "dois"; dar um pega; dar um tapa; empinar um.

DAR UM TIRO: cheirar uma carreira de cocaína.

DEPENDENTE: aquele que faz uso pesado de drogas e que necessita de cada vez mais quantidade para os mesmos efeitos; que gasta seu tempo para conseguir, usar e se recobrar dos efeitos; que vive para a droga, rompe os vínculos sociais, caindo na marginalidade e decadência física.

DESANDAR: ficar dependente de alguma droga.

DESCHAVAR: preparar a maconha, esfarelando-a com os dedos e retirando as sementes para fazer o cigarro.

DROGA: para a medicina é qualquer substância que modifica a função dos organismos vivos, provocando mudanças físicas ou de comportamento. A palavra vem do inglês *droog*, que significa "folha seca", pois antigamente os medicamentos eram feitos basicamente com ervas.

DROGAS DEPRESSORAS: substâncias psicoativas que diminuem a atividade do cérebro, deixando a pessoa relaxada, calma, sedada, desinibida, como as bebidas alcoólicas, tranquilizantes, barbitúricos, opiáceos e inalantes.

DROGAS ESTIMULADORAS: substâncias psicoativas que aumentam a atividade do cérebro, deixando a pessoa sem sono, "ligada", "elétrica", como as anfetaminas, cocaína, cafeína e nicotina.

DROGA LEVE e **DROGA PESADA**: essa classificação não existe na lei brasileira e, atualmente, os profissionais preferem falar em uso leve, ocasional, e uso pesado de drogas, dependência.

DROGAS PERTURBADORAS: substâncias psicoativas que modificam a atividade do cérebro, deixando a pessoa fora do normal, alterando a percepção, como a maconha, LSD, cogumelo, *ecstasy* e outras.

EFEDRINA: substância estimulante com efeitos similares aos da anfetamina.

ENROLAR UM: fazer um baseado.

ECSTASY: substância psicoativa estimulante, cujos efeitos agradáveis podem aparecer apenas nas primeiras vezes em que é usada. A continuidade pode levar à paranoia e insônia. *Es*; "pílula do amor".

ESTAR LIGADO: estar sob o efeito de substância psicoativa estimulante, como os alcaloides ou anfetaminas.

FISSURA: desejo intenso de repetir o uso da droga.

HAXIXE: droga extraída da resina da *Cannabis sativa*, a maconha.

HEROÍNA: droga derivada do ópio, preparada a partir da morfina. Causa forte dependência.

ICE: metanfetamina pura. Tem efeitos semelhantes à cocaína, porém de maior duração. Muito usada por adeptos de videogame e da Internet.

ISQUEIRO: encontrados no comércio, os isqueiros utilizam o gás butano. Quando inalado, este provoca tontura, falta de ar e/ou sensação de euforia. Pode levar à morte por asfixia.

LARICA: fome que surge depois de se fumar maconha.

LSD: abreviatura, em inglês, de dietilamida do ácido lisérgico, substância psicoativa, extraída do esporão do centeio e hoje sintetizada em laboratório. Quantidade muito pequena (microgramas) dessa droga provoca alucinações; ácido, doce ou docinho.

MACONHA: nome popular da *Cannabis sativa*, planta comum no Brasil e em outras partes do mundo. O fumo é preparado com as folhas e flores. Sua substância ativa é o THC (tetrahidrocanabinol).

MALAS: jovens do sexo feminino que entregam o crack.

MARICA: tipo de piteira para fumar maconha.

MAROLA: cheiro de maconha; maresia.

MERLA: pasta de cocaína, um produto obtido da maceração das folhas de coca com querosene ou gasolina e ácido sulfúrico. Mela; mel; melado.

MESCALINA: droga alucinógena extraída do cacto mexicano peiote, de efeitos semelhantes aos do LSD.

MOCÓ: lugar onde uma turma costuma ficar para usar drogas.

MUCA: pedaço de maconha prensada.

MULA: quem carrega a droga da origem para entregar ao traficante.

MUQUIAR: esconder ou guardar a droga.

NOIA: paranoia intensa provocada pelo uso de droga; medo e sensação de estar sendo vigiado e perseguido. Falar sobre um só tema sob o efeito de droga.

OVERDOSE: superdosagem de uma substância que afeta o organismo e pode provocar a falência de órgãos vitais, como uma parada respiratória ou cardíaca.

PANCADA: sensação do efeito do crack logo após o consumo.

PAPELOTE: porção de cocaína vendida pelos traficantes.

PAPIRO: receita médica falsa.

PARANGA: porção pequena de maconha vendida pelos traficantes; geralmente de 5 g a 10 g.

PERUANA: aspirar pelo nariz a fumaça da maconha soprada por outro fumante da mesma roda.

PICO: uso de droga injetável.

PIPAR: fumar crack.

REBITE: um dos nomes populares da anfetamina.

RODAR: ser descoberto por alguém ou ser preso pela polícia por porte de droga.

SEDA: papel fino especial usado para enrolar os cigarros de maconha.

SÍNDROME DE ABSTINÊNCIA: efeitos físicos e psíquicos decorrentes da interrupção do uso de drogas.

SPECIAL K: anestésico à base de ketamina, utilizado em cavalos. Provoca alucinações, perda da memória e do contato com a realidade.

SPEED: anfetamina, bola.

SOLVENTE: substância tóxica que evapora rapidamente e que altera a consciência quando inalada. Os solventes utilizados com maior frequência são a cola de sapateiro, acetona e esmalte de unha.

SUBSTÂNCIA PSICOATIVA: aquela que provoca qualquer alteração no sistema nervoso central.

TAPA: tragada num baseado; tapinha.

USUÁRIO: quem usa droga.

USUÁRIO LEVE: aquele que, de acordo com a Organização Mundial da Saúde (OMS), faz uso de drogas com frequência menor do que uma vez por semana.

USUÁRIO MODERADO: aquele que, de acordo com a OMS, utiliza drogas semanalmente, mas não todos os dias.

USUÁRIO PESADO: aquele que, de acordo com a OMS, utiliza drogas diariamente.

2. **Carlos**

"Você pensa que vida de maconheiro é fácil?! Cansa, meu! Dá uma fome, um sono que você não acredita!" Ele tem 19 anos e faz faculdade de Psicologia. Sua mãe é psicóloga e o pai dentista.

" Com 11 anos eu namorava uma menina da minha idade. Enquanto todo mundo ainda estava naquela fase, a gente já transava. O pessoal da minha geração começou a fazer as coisas muito cedo: saía, ia no supermercado, comprava uns destilados da pior qualidade, ia pra casa de um e ficava lá conversando, bebendo, trocando ideia, escrevendo poesia, tocando. Era uma fase de muitas descobertas. Meus pais sabiam que eu bebia, mas não faziam ideia do quanto era.

Descobri que meu pai fumava maconha quando eu era pequeno. Perguntei, ele demorou uns dois anos pra me dizer que usava, mas que a maconha não era isso tudo o que pintavam. Ele teve cuidado porque eu, um molequinho, podia pensar: 'Meu pai é maconheiro?! Acabou a vida!'. Mas eu via que era um entretenimento, sem grandes consequências. Bebida parecia pior. Já tive que carregar meu pai vomitando, quando voltava das festas. A turma dele tomava todas. Dois caras especialmente bebiam, ficavam desagradáveis, xaropes; andavam dois passos, caíam. Batiam o carro direto.

É muito raro minha mãe beber. Ela não fuma maconha, mas já fumou nos anos 70. Naquela época, todo mundo fazia isso. Ela tomava LSD, mas teve uma *bad trip* legal com o ácido e desencanou. Minha mãe tem história com as drogas legais, não com o álcool, com antidepressivo. Toma uns 'neurotransmissores' e remédio para dormir, tudo com acompanhamento médico. Pra mim, ela é bem dependente.

Meu pai tem época que fuma maconha, tem época que para. Agora parou, mas ele não fica diferente. Não muda muito a atitude dele. Deve mudar mais internamente.

Eu fumo tabaco. Com 12 anos, fumei um cigarro de um amigo e adorei. Tinha o lance de ser bacana, mas não era por isso, eu tinha bronquite e meus amigos não gostavam que eu fumasse. Eu fumava escondido de todo mundo, cheguei a fumar um maço e meio por dia. Hoje fumo de quatro a cinco cigarros. Tem dia que eu fumo um maço, depende, não é uma coisa muito fixa.

Maconha eu comecei com 13 anos. Estava em casa com uns amigos e meus pais saíram. 'É, tal, vamos fumar!' Eu sabia onde meu pai guardava. Peguei um pouco e a gente fumou. Eu ria como nunca ri na minha vida. Foi muito engraçado. Adorei.

Primeiro, eu fumava de manhã e estudava à tarde. Depois, no colegial, passei a estudar de manhã, e acordava mais cedo pra fumar antes de ir pra escola. Nas primeiras aulas eu ficava meio burro, mas escola pra mim é tranquilíssimo, muito fácil. Fazia tudo tão bem nas aulas que em casa não tinha nada pra fazer. Pro maconheiro, estudar de manhã é tudo: tem a tarde inteira livre pra ficar com os amigos. E minha mãe nunca encheu meu saco por eu fumar maconha. Ia toda a turma pra minha casa, uns oito moleques com todos os apetrechos — narguilés, cachimbos — e a gente ficava se divertindo.

No 1º colegial eu fumei maconha direto, todo dia sem parar. Experimentei ácido, cocaína e tomei uns lances derivados, aquelas porqueiras que você cheira quando é moleque, tipo clorofórmio, lança-perfume, cola, removedor de asfalto, qualquer porqueira que aparecia, sentia o cheiro, achava que era forte, mandava. O objetivo principal da vida era ficar louco.

Sempre curti muito o lance da viagem psicotrópica mostrar outros pontos de vista, outras sensações que você não sente normalmente. Tinha também o lance de 'esquecer das coisas'... não sei nem o que era pra esquecer, porque a gente tinha uma puta vida boa, não fazia porra nenhuma, sempre teve grana, nunca teve problema nenhum.

Com cocaína foi diferente do que eu esperava. Achava que se cheirasse ia ficar irritado, estressado, nervoso, e eu ficava super-sentimental. Passava noites em claro conversando: 'Ah, mas como a gente é amigo!... Tudo é o máximo!'.

No meu quarto, punha o som bem alto. Minha mãe aparecia: 'Vocês não vão comer?'. Pra mim, foi a melhor época de relação mãe e filho. Chegava em casa todo amoroso: 'Mãe, quero conversar com você'. Achava tudo o máximo, tranquilo. Meus pais não desconfiavam.

No começo a cocaína não afeta tanto assim, você não fica mal, ao contrário, dá um puta rendimento. Um dos meus amigos comprava e a gente ia pra casa dele fazer o trabalho da escola, passava a noite em claro cheirando e estudando. Assim a gente foi vivendo.

Terminei com a namorada no início da 8ª série. Como tinha passado muito tempo namorando com ela, gostava mais de sair e ficar com várias meninas.

No 1º ano eu não tinha namorada. Na verdade eu não tinha nada, me separei completamente dos amigos que não cheiravam. O programa da gente era passar na boca, comprar um saco gigantesco, de um traficante que tinha 1 kg de cocaína pura e vendia barato, e ir pra uma casa onde não tivesse ninguém. Trancava a porta, fechava todas as janelas e ficava lá, o maior tempo. Quando dava, ia pra casa de praia e aí era dia e noite, dias seguidos cheirando. Eu comia, mas demorava pra ficar com fome.

Saí da 8ª série com 96 kg. Quando terminei o 1º colegial, pesava 69 kg, chupei completamente. Essa época foi meio barra-pesada, a maioria dos meus amigos bombou, fui um dos poucos que passou de ano.

Eu cheirava direto na escola. Estava no meio da aula, ia ao banheiro e cheirava rapidinho. Ninguém percebia, só quem me conhecia muito bem. Eu entrava na classe, fungava, o pessoal dizia, 'Ih, meu, você foi lá, né?'. 'Fui!'

Nunca tive problema na escola, os professores me adoravam. Sempre fiz muito escondido, ninguém imaginava, nunca desconfiou. Eu não tinha medo de falar, de participar, ficava engraçado. Adorava fazer aula de

Física cheirado, virava uma maquininha de cálculo, achava o bicho.

Aquele quilo acabou, a gente deve ter cheirado ele todo, e começou a comprar em outros lugares. Eu ganhava mesada, mas a maior parte da grana que eu tinha era de tráfico. Cheirava uns 700 paus por mês: pra um moleque de 14 anos, é uma coisa que você não tem noção. Geralmente você compra 1 g, se cheira 2 g numa noite, é muito. A gente comprava 30 g, e cheirava 5 dias sem parar. E não era 'Estica uma pra mim'. Numa mesa de vidro, esticava umas 46.

Mas aí eu dei uma puta maneirada porque comecei a entrar numas paranoias. Um dia cheguei em casa, os meus pais na sala, e eu estava muito mal: 'O que você está fazendo, moleque?'. E eu numa puta paranoia. Deitei na minha cama. Só sei que passei das 11 da noite às 5 da manhã, sem me mexer, acordado, deitado na cama com medo de que alguém aparecesse ali.

Entrei numa puta paranoia. Toda vez que eu cheirava tinha taquicardia, não conseguia respirar direito, ficava com medo de tudo. Medo de as pessoas descobrirem, de morrer, medo em geral, de qualquer coisa que pudesse parecer com uma possibilidade.

Cheguei num ponto que peguei tudo o que tinha e joguei pela janela. Aí eu parei. Fiquei legal, um ano sem. Depois fui meio voltando, uma coisa ocasional. Quando alguém aparecia, eu pá, sossegado!

Quando resolvi parar, foi foda, fiquei meio mal. Pensava o dia inteiro. De repente eu tremia — mas é tudo psicológico, li num livro, cocaína não tem muito dependência física, a maior parte é psicológica —, queria porque queria, mas me controlei porque lembrava o quanto era ruim.

Acontece que em São Paulo é uma desgraça, tem muito. Você não faz ideia do quanto. Todo lugar tem um pico, um lugar que você chama, liga, bipa e o cara tá lá. Tem de tudo.

Ano passado eu também tive uma fase baixa. Tirei carta, tinha carro. E aí, voltando 3 horas da manhã pra casa: 'Ah, vou dar uma passadinha'. Você passa na boca e tem. Tem lugar que funciona 24 horas, e não são poucos. Você descobre e fica meio assim — ainda mais eu, que já tive dependência, fico pensando: 'Vou lá, vou lá'. No começo era uma vez por semana, dali a pouco já eram três, quatro vezes. Também nessa época, ninguém percebia. Eu fazia tudo normal. Esperava meu dia acabar e cheirava sozinho em casa, trancado. Era uma coisa até perigosa, porque não atrapalhava nada, a única coisa que acontecia é que eu acordava mais tarde no dia seguinte. Mas como eu estudava de tarde e de noite, não fazia diferença.

Percebi que a cocaína estava me pegando de novo. Aproveitei que fui viajar pra fora do Brasil: 'Não vou nem tentar conhecer os lugares que vendem'. Nessa foram três meses. Eu me segurei, agora estou seis meses sem usar.

Eu não acho que a maconha é porta de entrada para outras drogas. A loucura que a maconha traz é outra história, você fica sossegado. Não tem nada a ver com o cara que cheira cocaína. Querer experimentar outras drogas tem muito mais a ver com o jeito da pessoa. É claro que se ela quer experimentar e usa compulsivamente várias coisas, não só as drogas, quando experimentar uma bem legal, com certeza vai querer outra.

Muita gente perde a motivação com maconha. Tipo assim, a maconha vira tudo, as pessoas não querem mais fazer as coisas, ficam com muita preguiça, porque maconha deixa você muito cansado, suga a sua energia. A gente até brincava quando fumava muito: 'Você pensa que vida de maconheiro é fácil?!? Cansa, meu! Dá uma fome, um sono, que você não acredita!'. Termina o dia em que você fumou muito baseado, parece que correu uma maratona. A gente tem que tomar cuidado com maconha e não deixar ela afetar a vida nesse sentido.

A cocaína já é o oposto, dá disposição pra fazer as coisas, só que ela destrói muito, e quando você vê, ela já te pegou. É foda.

A porta de entrada para outras drogas pode ser muito bem o álcool, porque no Brasil todo mundo bebe quando é moleque. A maconha só é porta de entrada porque é ilegal. Quando você vai na favela comprar, uma vez que está metido nesse meio marginal, você tem mais chance de partir de uma pra outra. Rola, como rolou com a gente. O cara pode te oferecer outra, e você leva. Mas não necessariamente.

Onde é que você vai comprar maconha, cocaína? Eu convivi muito com isso, você chega lá, os famosos aviõezinhos — os caras que pegam do traficante da favela pra te levar —, 99% são viciados em crack. São crianças, de toda idade. Pequenas, 3, 4 anos, você vê um toquitinho assim, que mal fala. Ou então pai de família, você vê o cara assim: 'Eu tenho quatro filhos, vai, me dá R$ 5 que eu preciso comprar uma pedra'. O cara está acabado, não tem nem mais roupa, os filhos, ele não deve ver faz seis meses.

Crack eu nunca experimentei, mas já conheci cara viciado. Pela experiência que tive, vi que é muito ruim, é perigoso, é outra escala de droga. Você vê o jeito que os caras se viciam nele. Tem bastante, em muitos colégios. Afetou os caras que eram bem ricos — é uma vida que, pra levar, só o que você precisa é de dinheiro. Eu não sei como é que eles entram nessa, são uns caras que têm conscientização. Sei lá, acham que é *dark side*. Mas não tem brincadeira com o lance de crack, quando você vê, tá fodido.

Maconha e ácido é um lance bem diferente, são drogas mais fáceis de a gente ter uma relação saudável, além de elas não criarem uma dependência tão grande, você não fica com muita fissura.

Sempre costumo dar uma parada com tudo e sou partidário de que é legal experimentar. Tenho a teoria de que o governo devia liberar todas as drogas, e nos lugares onde você pudesse usar tinha de ter conscientização e tratamento para quem precisasse. Porque não tem jeito. Você fala não, proíbe, mas as pessoas vão continuar tomando droga, porque tem, tem, e não tem jeito.

Deixa a pessoa usar, experimentar, ver o que aquilo faz com ela. Foda é que você vai ter perdas grandes: gente que vai entrar nessa e não vai conseguir sair... Mas as pessoas já entram e não conseguem sair e, pior, não conseguem se tratar. Socialmente, é completamente malvisto, além de ser ilegal. Como é que o cara vai chegar e dizer: 'Tô cheirando cocaína'. Não tem base pra ele fazer isso. O governo deveria dar mais atenção pra isso, porque ocorre muito. **"**

3. **Fatos**

O uso de drogas em geral

As drogas usadas mais frequentemente são:

CAFEÍNA: consumida por jovens e adultos em chás, café, refrigerantes e, de forma concentrada, em bebidas energéticas. Apesar de alterar o humor moderadamente, não há evidências de que a cafeína altere o comportamento das pessoas em níveis mais elevados, nem a percepção da realidade. Tira o sono e, em grande quantidade, deixa a pessoa "ligada".

ÁLCOOL: é a primeira droga mais usada entre os jovens no Brasil, e a segunda droga mais perigosa em termos do número de mortes que causa.
Essas mortes são o resultado dos efeitos imediatos do álcool na alteração da percepção (especialmente no que diz respeito aos acidentes de trânsito), e também dos efeitos físicos causados pelo uso a longo prazo.
O álcool altera o comportamento das pessoas mesmo quando consumido em pequenas quantidades.

TABACO: o cigarro de tabaco, rico em nicotina, é a segunda droga mais comum entre os jovens no Brasil, para ambos os sexos. Segundo dados obtidos pelo CEBRID:

- 7 em cada 100 estudantes de 10 a 12 anos do ensino fundamental nas redes municipal e estadual do Brasil já experimentaram tabaco;
- 2,7 em cada 100 jovens cursando o ensino fundamental e médio nas redes municipal e estadual do Brasil fumam tabaco diariamente;
- 1,2 em cada 100 jovens de 12 a 17 anos, nas 108 cidades brasileiras com mais de 200 mil habitantes, fazem uso frequente do tabaco;
- 10,1% da população das cidades brasileiras com mais de 200 mil habitantes — o que corresponde a 5.120.000 pessoas — são dependentes de tabaco.

Como a cafeína, o tabaco não altera o comportamento imediato das pessoas em níveis significativos, mas é, sem dúvida, a droga mais perigosa em relação à quantidade de mortes que causa a longo prazo.

Se você parar de fumar antes dos 24 anos de idade (o que é difícil devido à extrema dependência causada pelo tabaco), não haverá efeitos a longo prazo. Parar de fumar em qualquer época é benéfico.

Alguns fumantes, quando suspendem o consumo de cigarros, podem ter síndrome de abstinência com os seguintes sintomas: fissura, irritabilidade, agitação, prisão de ventre, dificuldade de concentração, tontura, insônia e dor de cabeça. Felizmente estes sintomas duram apenas uma ou duas semanas.

MACONHA: a mais comum das drogas ilegais conta hoje com milhões de usuários regulares em todo o mundo. Os efeitos do uso da maconha a longo prazo, no que diz respeito ao desenvolvimento de câncer de pulmão, são no mínimo tão perigosos quanto os provocados pelo cigarro.

- O total de mortes relacionadas ao consumo de cigarros no Brasil, entre fumantes reconhecidos, é de aproximadamente 80 a 100 mil por ano.
- O alcoolismo é a terceira doença que mais mata no mundo. Nas cidades brasileiras com mais de 200 mil habitantes estima-se que cerca de 12,3% da população — o que corresponde a 5.799.005 pessoas — sejam dependentes de álcool.
- Em 2004, na rede pública de ensino brasileira, 41,2% dos estudantes entre 10 e 12 anos já tinham feito uso na vida de álcool.
- Não há uma estimativa sobre o total de mortes relacionadas ao uso de drogas ilegais no Brasil.

Muita gente acredita que se alguém começa a usar maconha logo passará a usar "drogas mais pesadas". Isto é verdade ou é um mito?

A resposta é:
- Se há uma tendência para passar progressivamente de uma droga a outra, esta começa com a cafeína no chá, café e refrigerante, prossegue em direção ao álcool e ao tabaco, e então aos solventes, maconha, anfetaminas, ansiolíticos e cocaína;
- Os jovens podem parar em qualquer ponto dessa trajetória;
- Os solventes têm sido uma das primeiras experiências de crianças e jovens com as drogas. Geralmente são usados dentro das próprias casas, sem o conhecimento dos pais;

O uso de drogas em geral

- O que leva alguém a começar a fazer um uso pesado de drogas não é tanto a droga propriamente dita, mas a personalidade do usuário e as circunstâncias sociais, mentais e físicas que o envolvem;
- A maconha, a não ser quando usada regularmente em grandes quantidades, não vicia;
- Mesmo um leve consumo de drogas ilegais tende a levar o indivíduo a conviver com pessoas que traficam e usam outros tipos de drogas, facilitando o acesso a essas substâncias;
- Estima-se que os cigarros podem viciar tanto quanto a heroína. Cinco maços de cigarro seriam suficientes para provocar dependência.

> Tudo isso pode levar a crer que, de alguma forma, as drogas legalizadas podem causar maiores danos do que as ilegais.
> Então por que existe tanto medo das drogas ilegais?

- As pessoas não são suficientemente bem-informadas a respeito de seus efeitos, tanto os prazerosos quanto os perigosos;
- Há um risco para a saúde relativamente pequeno, embora bem definido, relacionado ao uso de drogas. Mas as mortes associadas ao uso de drogas ilegais geralmente recebem grande destaque na televisão, rádio e nos jornais devido ao seu caráter "sensacionalista";
- Algumas drogas fazem as pessoas agirem de modo irracional. Teme-se a irracionalidade porque ela pode levar o indivíduo drogado a causar algum dano a si próprio e àqueles ao seu redor;

- Lidar com a realidade já é difícil sem o uso de drogas que alteram a percepção. Essas drogas, sobretudo quando tomadas de maneira descontrolada, "mais pioram do que melhoram" as coisas;

- Drogas ilegais são geralmente impuras ou contaminadas;

- A ilegalidade eleva o preço das drogas, tornando o vício algo espantosamente caro. Os grandes lucros envolvidos levam ao crime e à violência, fatos que tornam esse comércio mais assustador do que a própria droga.

- Consumir drogas ilegais pode trazer várias consequências para sua vida:
  — risco de envolvimento com a polícia, com eventuais transtornos físicos e psíquicos;
  — dificuldade para arranjar emprego;
  — dificuldade para conseguir visto de entrada em certos países.

4. Adriana nunca usou drogas

 Ela tem 15 anos, estuda em escola particular e mora com a mãe. Seus pais são separados. Adriana quer ser advogada.

" Meu pai fuma maconha e bebe, mas não muito. Ele nunca escondeu que fumava maconha, mas também nunca falou comigo sobre isso. Minha mãe bebe raramente. Quase não tem bebida na minha casa.

Não costumo ir a barzinhos. Quando eu bebo é sem o objetivo de encher a cara. Não gosto de cerveja, prefiro batida. Os amigos fazem uma certa zoeira quando eu tomo alguma coisa: 'Ê, vai beber!'.

Minha mãe não é de proibir, de brigar comigo, mas ela é bem contra a ideia da necessidade da droga. Talvez seja dela que eu tenha herdado isso: sou contra drogas porque acho que tem muito jeito de você ter barato sem depender de nada fora de você.

Essa coisa de 'se não tiver cerveja, não é legal!' ou que 'não-sei-o-quê é muito bom de fazer com maconha!'. Meu, o que é legal é conseguir viajar sozinho.

As pessoas acham que estão sendo muito diferentes e rebeldes: 'Uau, vamos encher a cara e vamos fumar!'. Mas isso é o que os pais já faziam! Se você quer dizer que é diferente, então faz alguma coisa diferente. Se você quer que a sua geração seja melhor, faz alguma coisa pra ela mudar.

Acho que o jovem está sempre procurando novas coisas, uma dessas é experimentar drogas. Também é pra contrariar, porque todo mundo fala que não pode, aí ele fala: 'Então eu faço!', e tem sempre a ideia de que 'Eu estou experimentando mas posso parar, vou só mais uma vez e depois eu paro'. Mas, dependendo da droga, ele não consegue mais. Às vezes também a pessoa nem está tão interessada e, por pressão do grupo, ela vai lá e fuma, vai lá e enche a cara.

As pessoas do meu colégio têm essa imagem de super-rebeldes. Alguns 'se acham', uns jovenzinhos de classe média, pensam que são muito marginais porque vão não sei aonde comprar maconha e cocaína.

E tem quem adora falar que é louco: 'Ah, sou superlouca!' ou 'Vou tomar um docinho e ficar doidão, meu!'. Um 'docinho', ainda mais esse nome para ácido! As pessoas não têm a menor noção do que é o LSD, do que pode fazer. Uma vez eu falei de um cara, um artista plástico, que morreu afogado num riacho de 30 cm porque tomou um ácido. 'Ah, o cara tinha tomado muito!', responderam. Não, ele tomou o mesmo que qualquer um toma. Acontece.

Uma menina na minha classe deve tomar várias, mas eu não tenho certeza, as pessoas comentam. Sei que ela fica com uma 'cara inteligente' e a qualquer hora tem alguma coisa a dizer sobre drogas, ou então só sabe falar 'Ah, desencana!'. Não tem outro assunto, não sai mais nada, é triste.

Tem gente que arranja desculpa tipo: 'Ah, porque os pajés fumavam'. Acho que uma das piores coisas são os argumentos furados. Se você quer usar droga, meu, usa, só não dá um argumento fracassado sobre ela. 'Porque uma erva natural não pode te prejudicar', então come uma planta venenosa e vê se não prejudica.

É claro que alguém pode usar droga pra fugir de problemas na família, na escola. Mas muitas vezes é porque fica uma imagem de que usar é legal. Só que as pessoas chapadas ficam chatas, um saco!

Eu não tenho vontade de experimentar, tenho um certo nojo de pensar em fumaça, me dá uma sensação ruim. Mas se eu tivesse vontade, experimentaria.

Sei que, às vezes, minha aversão é meio exagerada e a pessoa até está certa, ela usa droga lá do jeito dela, de vez em quando, e não é tão grave. Também não dá pra falar 'Com você é legal e com você não é'. Acho que é muito complicado. Tem hora que eu mesma penso umas coisas que desestruturam minhas ideias, sempre existem uns argumentos de 'por que não experimentar?'. Mesmo assim eu continuo sendo contra, acho que é muito fácil começar a ser importante. E não é só o risco de ficar viciada, mas é toda a coisa que existe em volta das drogas, além da questão do tráfico.

Acho que a legalização seria bom para perder essa coisa de que 'É proibido, vamos lá!', e para desmontar o tráfico. Mas é preciso estrutura para legalizar e não ficar muito normal. No mundo das drogas tem gente com muito poder. Os grandes traficantes são mais poderosos do que quem quer prendê-los, precisa estar muito decidido para tentar combater.

Essas campanhas tipo 'O Ministério da Saúde adverte que vai te acontecer não sei o quê' não fazem efeito. Acho melhor conscientizar e dar possibilidade das pessoas fazerem outras coisas, pois não tem muita alternativa para os jovens. O mais verdadeiro é os próprios jovens falarem para os outros jovens, mostrando o que realmente acontece, quem usa droga e se ferra, quem é morto, porque é chocante.

O que é ruim é ter sempre a ideia de que isso aconteceu, mas não vai acontecer comigo, porque 'quando eu quiser eu paro'.

Eu tenho mais raiva do tabaco porque passam a imagem de que fumar é bacana. A maioria dos meus amigos fuma cigarro comum. É uma cortina de fumaça para você entrar e sair da escola! Se fosse *in* ficar com um cigarrinho de chocolate na mão, as pessoas iam ficar, porque elas fumam muito pra fazer pose. Meu, cigarro não dá pra entender! As outras coisas ainda dão barato, mas o cigarro só dá mau cheiro.

Agora estou convencendo meu pai a parar de fumar cigarro comum. Minha mãe parou há uns 10 anos.

Eu não acho que o mundo vai piorar. Prefiro pensar que é possível juntar as pessoas e mudar o que tá ruim. Quando alguém começa a procurar, vê que existe muita gente que quer fazer alguma coisa pra melhorar a vida e o mundo. **99**

Adriana nunca usou drogas

05. **Fatos**

Usuários e não usuários de drogas ilegais

Para as pesquisas sobre o uso de drogas, a Organização Mundial da Saúde recomenda a seguinte classificação:

USO NA VIDA: é quando a pessoa já usou qualquer droga pelo menos uma vez na vida;

USO NO MÊS OU RECENTE: é quando a pessoa usou droga pelo menos uma vez nos últimos 30 dias antes da pesquisa;

USO FREQUENTE: é quando a pessoa usou droga seis ou mais vezes nos últimos 30 dias antes da pesquisa;

USO PESADO: é quando a pessoa usa diariamente, uma ou mais vezes.

Quantos jovens estão usando drogas ilegais?

Em relação ao uso de drogas ilegais, os dados do CEBRID indicam que, em 2004, entre 48.155 estudantes do ensino fundamental e médio das redes municipal e estadual do Brasil:

Dos jovens de 10 a 12 anos de idade, cerca de:
- 127 em cada 1.000 usaram pelo menos uma vez;
- 76 em 1.000 faziam uso no mês;
- 13 em 1.000 faziam uso frequente;
- 9 em 1.000 faziam uso pesado.

Dos jovens de 13 a 15 anos de idade, cerca de:
- 231 em cada 1.000 usaram pelo menos uma vez;
- 145 em 1.000 faziam uso no mês;
- 29 em 1.000 faziam uso frequente;
- 19 em 1.000 faziam uso pesado.

Dos jovens de 16 a 18 anos de idade, cerca de:
- 292 em cada 1.000 usaram pelo menos uma vez;
- 204 em 1.000 faziam uso no mês;
- 47 em 1.000 faziam uso frequente;
- 30 em 1.000 faziam uso pesado.

A partir dos 18 anos de idade, cerca de:
- 347 em cada 1.000 usaram pelo menos uma vez;
- 240 em 1.000 faziam uso no mês;
- 51 em 1.000 faziam uso frequente;
- 36 em 1.000 faziam uso pesado.

- Nos últimos anos, os jovens têm começado a fazer uso de drogas ilegais cada vez mais cedo;
- A maioria dos adolescentes costuma experimentar álcool e tabaco em torno dos 12 anos e a primeira droga ilegal por volta dos 13 anos;

- Tem havido maior crescimento do uso de drogas entre adolescentes do sexo feminino;
- As meninas costumam misturar mais substâncias do que os meninos: álcool, maconha, cocaína, tranquilizantes, remédios para emagrecer etc.;
- O maior número de usuários de drogas se encontra entre jovens de 16 a 20 anos;
- No Brasil, mais da metade dos jovens pertencentes às classes A e B são usuários em algum nível.

Por que as pessoas usam drogas?

As pessoas usam drogas porque:

- Apreciam seus efeitos;
- Querem se livrar dos sentimentos de timidez, ansiedade, e falta de confiança;
- Querem diminuir os sentimentos de solidão e baixa autoestima;
- Seus amigos estão usando e elas não desejam ser diferentes;
- Usar drogas proporciona um sentimento de rebeldia e individualidade;
- Gostam de experimentar algo novo pelo menos uma vez, por curiosidade;
- As drogas tornam a pobreza, a depressão, o abuso, mais suportáveis;
- As sensações que elas provocam são melhores do que o tédio.

A razão pode ser qualquer um desses fatores ou outros, mas é mais provável que seja uma combinação de vários. Quando perguntados efetivamente, os jovens afirmam:

- Que usam drogas para se divertir e/ou por curiosidade;
- Que todos os seus amigos estão usando;
- Que é uma alternativa melhor do que ficar se preocupando com algo a respeito de suas vidas, ou que a droga os deixa menos ansiosos.

Existem três tipos principais de usuários de drogas ilegais:

- Sem dúvida, o maior grupo de jovens usuários de drogas ilegais são os que o fazem para experimentar. Usam apenas uma vez ou outra e param por aí;
- O segundo grupo mais comum, também representado ao longo deste livro, são os "usuários sociais", que usam drogas da mesma forma como vão a um bar para beber alguma coisa: algo que se faz com os amigos, com certa regularidade, sem maiores consequências na maioria dos casos;
- O terceiro e, sem dúvida, menor grupo, são os usuários graves ou dependentes. Nesse grupo, o uso de droga pode ser um sintoma de outros problemas: baixa autoestima, situação socioeconômica difícil, depressão, infelicidade, ter recebido maus tratos no passado e assim por diante.

Alguns tópicos gerais sobre os usuários de drogas ilegais:

- A maior parte dos usuários faz experiência com pequenas quantidades de drogas, esporadicamente e por breves períodos;

- Sendo assim, a maior parte das pessoas que usa drogas ilegais não procura e tampouco precisa de ajuda;

- A maior parte das pessoas que usam drogas socialmente nunca entra em contato com serviços médicos, com a polícia, assistência social, ou qualquer outro tipo de serviço relacionado ao uso de drogas;

No entanto, pode-se dizer que o uso frequente de drogas é mais alto:

- Em jovens provenientes de famílias em que há conflitos;

- Em famílias onde já existe alguém envolvido no uso de algum tipo de droga, seja legal ou ilegal.

Usuários de drogas que desenvolvem problemas relacionados à dependência têm a autoestima mais baixa do que os não usuários, mas é provável que isso esteja mais relacionado à causa do uso de drogas do que ao efeito provocado por ela.

Os que fazem uso de drogas "só para experimentar" tendem a ser pessoas que gostam de experimentar tudo em geral e, consequentemente:

- Têm maior propensão ao álcool;

- Têm maior propensão ao fumo;

- Têm maior probabilidade de iniciar (ou ter iniciado) a vida sexual mais cedo e com maior número de parceiros.

No entanto, o ato de experimentar parece não variar em nenhum grupo social em particular, rico ou pobre.

Por que tem havido um aumento no uso de drogas em todo o mundo?

As drogas estão muito mais disponíveis nos dias de hoje, e tem havido um aumento na variedade de drogas: excitantes, calmantes, alucinógenos, drogas que potencializam o estímulo sexual etc. Há um cardápio cada vez maior de drogas para cada ocasião.

Com a criação de novas drogas, com efeitos ainda mais potentes do que os das anteriores (como o crack, feito a partir da cocaína, por exemplo), os traficantes podem vender mais, por um preço menor, aumentando seus ganhos.

A disponibilidade e a variedade das drogas têm aumentado na medida em que se ganha dinheiro com elas. A pobreza e o desemprego vêm aumentando e, em consequência, maior quantidade de pessoas se tornam passadoras.

O tráfico internacional movimenta hoje cerca de US$ 500 bilhões por ano e é controlado por grupos envolvidos em contrabando de armas, corrupção e outras atividades criminosas.

Segundo dados do CEBRID, em 2002, quase 20% da população das 107 maiores cidades brasileiras — o que equivalia a 9.109.000 pessoas — já havia feito uso na vida de alguma droga psicoativa com o intuito de provocar alterações na percepção.

Em 2004, nas cinco regiões brasileiras 22,6% dos estudantes já tinham feito uso na vida de drogas ilegais; e, nas 27 capitais do país, 2,3% dos estudantes do sexo masculino e 1,7% do feminino faziam uso pesado, de pelo menos 20 vezes por mês.

6. **Cristina tem 13 anos**

Ela mora no Rio de Janeiro com a mãe, que é atriz, e passa os fins de semana com o pai, que é publicitário. Tem um tio que morreu numa viagem de ácido.

" Meu pai não fuma. Muito raramente toma um pouco de vinho, ele é bem naturalista. Minha mãe fuma cigarro e bebe só de vez em quando, em festa, ou quando toma um chopinho com os amigos.

No Ano Novo ou em alguma ocasião especial eu experimento alguma bebida, mas geralmente não gosto. Meus pais me deixam experimentar, mas tenho certeza de que eles não gostariam se eu ficasse bebendo o tempo inteiro.

Cigarro eu experimentei quando era muito pequena. Pensei que era bom porque minha mãe estava fumando. Passei mal e nunca mais. Tenho várias amigas que fumam. Fumam na saída da escola, na praia, em shopping center ou na casa de algum amigo. Algumas não gostam de beber, outras gostam de cerveja, de chope, mas elas bebem normal, tipo se tem uma festa. Só uma delas bebia demais, uma vez até entrou em coma alcoólico. Agora ela tem 14 anos e já não bebe tanto.

Tenho alguns colegas que fumam maconha de vez em quando. São mais velhos do que eu um ano. Mas quando estão perto de mim, eles não fumam, porque sabem que eu odeio.

Nunca experimentei maconha e também não pretendo. Eu tenho um tio que morreu por causa de drogas. Ele fumava maconha, depois foi experimentando drogas mais fortes e chegou no LSD. Um dia, pegou uma pastilhinha, dividiu com quatro amigos, tomou uma parte e ficou louco. Pensou que pudesse voar e, do apartamento do amigo, do 13º andar, se jogou pela janela. Sei lá, nunca tive nenhuma vontade de experimentar por causa disso.

Meu primo, dois anos mais velho do que eu, já fumou maconha perto de mim. Eu falei pra ele que achava que ele não devia. Outras pessoas já me ofereceram, mas eu disse 'não, obrigada'. Não me senti pressionada.

Umas amigas minhas estavam começando a sair com garotos mais velhos e daí resolveram: 'Ah, vou começar a fumar cigarro pra parecer mais velha'. Mas não tem nada a ver. Eu falei o que eu penso, que acho que elas não estão certas, que não vai adiantar nada. Mas sei lá. Umas pensaram melhor, foram tentando parar. Outras são viciadas, começaram a fumar, gostaram e fumam cigarro até hoje. Tem algumas que também fumam maconha.

Na minha escola muita gente fuma maconha, mas eu nunca vi ninguém fumando lá dentro, nem cheirando cola, nada disso. Também nunca vi seringa na escola, mas já vi na praia. Eu estava andando com meus primos, daí a gente viu uma seringa na areia. Meu primo quase pisou nela, levou um susto. Tinha uma turma mais pra frente que deve ter deixado cair. Os caras pareciam meio chapados.

Não sei por que as pessoas usam drogas, depende muito do caso. De repente a pessoa está infeliz com alguma coisa, está com algum problema, alguma dificuldade com a família, amigos, namorado. Pra esquecer, pra tentar fugir, então elas experimentam. Ou uns amigos oferecem e falam: 'Ah, cara, é bom, experimenta!'. Daí a pessoa vai e acaba ficando.

Minha mãe e meu pai falam que o mundo atual está muito precoce, e que pessoas cada vez mais jovens estão experimentando e ficando viciadas. Falam que se eu quiser experimentar é uma coisa minha, eles não vão poder me impedir. Mas dizem também que eu não devo, claro, e se eu fosse experimentar seria do lado deles. Porque se acontecer alguma coisa, tipo meu tio que morreu, se eu ficasse diferente, eles estariam do meu lado. Mas eu nunca tive vontade.

Na minha escola a gente já leu vários textos sobre drogas. Eu gostei de uma matéria num jornal sobre uma menina de São Paulo, de 18 anos, que estava vendo os amigos dela se acabarem por causa de drogas. Eles estavam ficando cada vez mais desgastados, cada vez mais loucos. Ela resolveu pesquisar alguma coisa sobre crack e cocaína. Foi em favelas, em vários lugares entrevistar crianças e adolescentes que estavam fumando e ficou impressionada. Falou com uma menina de 11 anos que estava drogada e grávida. O pai da criança estava drogado também e tinha batido nela. Sei lá, eu acho isso muito pesado, sabe, fiquei impressionada.

Eu não tenho medo, na verdade eu sou segura, sei

que eu não experimento porque não tenho vontade. Tenho um pouco de medo que pessoas íntimas minhas, próximas, ou qualquer pessoa fique se acabando por causa de drogas. Outro dia vi três meninos na rua cheirando cola, eles estavam muito loucos. O garoto atravessou a avenida no farol aberto, correndo. Eu fiquei: 'Cara! Por quê?'. Sei lá, isso me dá um pouco de medo, de repente você vê alguém do seu lado se destruindo.

Eu tenho medo do que as drogas fazem. Primeiro elas deixam a pessoa muito feliz, muito bem. Depois vai acabando o efeito, a pessoa vai ficando deprimida, depois tem que tomar de novo pra se sentir melhor, e aquilo vai acontecendo de novo.

Tenho um tio que tem problemas com bebida. Quando morava aqui no Rio, ele bebia muito e ficava fora de si, tipo, falava tudo o que vinha na cabeça dele, não pensava se ia machucar alguém ou não. De repente, ele podia sair pelado, completamente fora de si. Eu achava muito estranho. Na época que isso acontecia, eu era mais nova, tinha medo da bebida e pensava: 'Não quero que ele experimente'. Porque eu adoro ele, é um dos meus tios prediletos, então eu falava: 'Tio, não bebe'. Mas não adiantava nada: 'Sai daí, criança!', ele falava comigo.

Quando tinha bebida em casa, eu tentava esconder dele. Porque, sei lá, ele ficava superfeliz no começo, depois, quando caía em si, percebia as mancadas que tinha feito e ficava mais triste ainda.

O filme *O Diário de um Adolescente*, eu adoro. Quando vi esse filme pela primeira vez, eu era bem mais nova, não sabia nada sobre drogas. Eu comprei porque é com o Leonardo Di Caprio, que eu amo. Depois que vi o filme, eu falei: 'Cara, esse filme passa uma mensagem muito especial, porque deixa as pessoas mais conscientes do que as drogas fazem. Não só as drogas: bebida, tudo'. Achei um filme forte.

As pessoas que ficam drogadas, como não pensam no que fazem, podem até matar, podem fazer várias coisas que só vão piorar o mundo e vão acabar deixando elas bem piores **""**

7. Joana, mãe de Cristina

 Tem 32 anos. Mora com seu segundo marido, com quem tem uma outra filha, de 7 anos.

"Bebo muito raramente. Sou fumante, parei um ano, voltei. Fiquei grávida, parei, já tentei parar diversas vezes, mas voltei a fumar.

Meus pais nunca conversaram comigo sobre drogas. Sou de uma família grande. Alguns irmãos fumavam maconha e cigarro normal, outros não.

Acho que o adolescente experimenta principalmente porque é proibido. A adolescência é a época de você se encontrar e testar seus limites, de fazer o que não pode. Você quer se conhecer, saber até onde pode ir, inclusive transgredindo algumas regras. Talvez o uso de drogas se encaixe aí.

Mas não sei. Eu, quando era pequena, costumava brincar de rodar até ficar tonta. Gostava da sensação de ver as coisas diferentes. Vi isso acontecer também com minhas filhas. Cristina e Taís faziam o mesmo tipo de brincadeira. Parece que as crianças gostam de alterar sua percepção, e é uma sensação um pouco parecida com usar droga, não é?

Não posso dizer que o jovem usa droga pra fugir da

realidade, porque quando eu experimentei foi pra conhecer, pra saber o que era. Curiosidade.

Acho que minha filha nunca experimentou, ela me contaria. Eu converso muito com Cristina, temos uma relação bem aberta. Já falei que se ela quiser experimentar, para experimentar aqui, na casa dela. Eu me sinto mais tranquila. E se ela for sensível como eu? Não sei o que pode acontecer.

Cristina não sabe que eu já fumei e que, muito raramente, em festas, ainda fumo. Mas antes de experimentar maconha, eu tomei um ácido. Ouvia meus amigos falarem e achava tudo um exagero. Não acreditava que fosse sentir alguma coisa. Viagem, alucinação? Pra mim aquilo não existia, era invenção.

Eu tinha 15 anos. Saí com uns amigos, um deles dividiu um papelzinho em 4 partes. Eu ganhei uma delas. Achava que não ia fazer efeito. Fiquei mastigando aquele papel, engoli. Passou um tempo, vi meus amigos rindo, e eu muito crítica, olhando pra eles. De repente, me vi rindo da mesma forma, como se eu fosse outra pessoa e me observasse.

Voltei para casa. Era tarde da noite e meus pais dormiam. Lembro que havia uma lua cheia linda brilhando, iluminando a sala do nosso apartamento. Minha irmã, que estava comigo e não havia tomado nada, disse que eu me movimentava em direção à lua, como se quisesse voar. Ela ficou com medo que eu me jogasse pela janela. Ainda bem que eu não estava sozinha. No outro dia, continuei viajando. Eu não tinha alucinação, mas as cores ficaram vivas, mais brilhantes, era bonito. Fiquei dois dias sentindo os efeitos do ácido.

Um mês depois, num sítio, experimentei maconha. Para mim foi surpreendente, as sensações da viagem de ácido voltaram. Achei bem interessante. Continuei a fumar eventualmente, poucas vezes ao ano. E adulta, mais raramente ainda, somente em ocasiões especiais. Eu não posso ficar fumando maconha, sou muito sensível e fico distante, sem os pés no chão, demoro pra voltar.

Acho que alguns amigos de Cristina usam, outros não. Mas ela tem uma personalidade forte. Quando quer uma coisa, ela quer, quando não quer, não quer. É contra cigarro, contra bebida, contra a droga de uma forma geral. Ela tinha um tio, por parte de pai, que cometeu suicídio numa viagem de ácido. Isso reforça a vontade de ela não querer experimentar.

Eu não tenho lido sobre novas drogas, mas na escola de Cristina eles sempre estão apresentando textos atuais sobre o assunto, o que eu acho muito bom. **,,**

Joana, mãe de Cristina

8. **Fatos**

A exposição às drogas

Hoje em dia os jovens crescem no Brasil diante de uma exposição total às notícias e informações relacionadas ao cenário das drogas ilegais. É praticamente impossível para qualquer pessoa escapar das coberturas sensacionalistas destinadas a esse assunto na televisão, nos jornais e nas revistas. A maioria das pessoas não tem acesso a outras fontes de informação, por isso o que é visto ou ouvido tende a ser tomado como verdade por grande parte da população brasileira.

Os males causados pelo uso abusivo do álcool e do tabaco são, na realidade, muito maiores do que os problemas associados às drogas ilegais. Curiosamente, as pesquisas demonstraram que mais da metade das matérias em jornais e revistas tratam de drogas ilegais e poucas se dedicam ao tabagismo e ao alcoolismo.

Atualmente, alguns meios de comunicação têm despertado de maneira responsável para o problema da dependência de drogas legais e ilegais, abordando o tema em novelas e matérias de divulgação científica, com grande repercussão.

Diariamente, um grande número de jovens nas escolas, na comunidade e/ou no trabalho se encontram em situação de exposição direta às drogas.

Em 1997, as drogas ilegais preferidas pelos estudantes de Ensino Fundamental e Médio da rede pública foram: solventes, maconha, ansiolíticos e anfetamínicos.

Nesse mesmo ano, as drogas mais usadas por crianças e adolescentes em situação de rua eram: tabaco, solvente, maconha, álcool, cocaína e derivados, anticolinérgicos (chá de Lírio, Artane), ansiolíticos e anti-inflamatórios.

Em 1998, o crack quase alcançou a maconha no ranking das drogas mais consumidas entre os estudantes de São Paulo.

Em 2001, as drogas mais consumidas nas 107 maiores cidades brasileiras foram, em ordem decrescente: o álcool, o tabaco, a maconha, os solventes e inalantes, os remédios para estimular o apetite, os ansiolíticos, a cocaína e outros.

Em 2004, as drogas ilegais preferidas pelos estudantes de Ensino Fundamental e Médio da rede pública foram: solventes, maconha, ansiolíticos, anfetamínicos e anticolinérgicos.

Segundo o CEBRID, dos jovens de 12 a 17 anos entrevistados em 2005 nas 108 cidades brasileiras com mais de 200 mil habitantes:

- 61,9% afirmaram que é muito fácil conseguir solventes;
- 57,1% que é muito fácil conseguir maconha;
- 46,9% que é muito fácil conseguir esteróides anabolizantes;
- 43,4% que é muito fácil conseguir cocaína;
- 41,7% que é muito fácil conseguir estimulantes anfetamínicos;
- 37,6% que é muito fácil conseguir ansiolíticos;
- 37,1% que é muito fácil conseguir crack;
- 30,6% que é muito fácil conseguir anticolinérgicos;
- 29,9% que é muito fácil conseguir LSD;
- 28,1% que é muito fácil conseguir heroína, caso desejassem.

9. Ana fuma maconha de vez em quando

Ela tem 15 anos. Sempre estudou em escola particular, mas agora está numa escola pública, no 1º ano do ensino médio. Seu pai é advogado e a mãe, artista plástica. Ana morava com a mãe, mas atualmente vive com o pai, que é casado pela segunda vez e tem um filho pequeno.

66 Eu fumo maconha e bebo cerveja, mas não muito. Não fumo cigarro e nunca experimentei nenhuma outra droga. Não tenho vontade.

Experimentei maconha quando tinha 12 anos. Um amigo meu, dois anos mais velho, foi quem me deu. Eu gostei. Fiquei meio calma e fui dormir cedo. Não fumei mais. Só depois, com 13 anos, eu comecei. Foi quando tive mais contato com pessoas que usavam.

Meus pais sabem que eu fumo. Meu pai fuma maconha de vez em quando e já fumou na minha frente. Minha mãe também. Fui eu que contei pra eles que tinha fumado maconha. Antes eu contava tudo pros meus pais, mas agora não. Agora quero guardar mais meus segredos. Minha mãe ficou mais preocupada do que o meu pai, acho que era porque eu morava com ela.

Eles falaram tudo. Tudo o que é bom e o que é ruim. O bom é o barato, que às vezes pode desenvolver a criatividade e abrir a cabeça. O mal é o excesso, que faz exatamente o contrário, você acaba ficando só na ideia e não faz mais nada. Achei que eles estavam certos.

Eu nunca comprei. Nunca gostei de ter contato com traficante. Porque é perigoso, e eu nunca subi no morro. Também porque eu não quero que seja uma coisa que eu tenha tão fácil acesso, que se um dia ficar necessitada, eu vá lá e compre. Não quero isso. Eu quero assim: quando pinta, eu fumo.

Acho que a maconha ajuda no relacionamento com outras pessoas, mas pra mim isso até não é necessário, daria pra eu não ter. A maconha acalma, você fala mais. Ainda mais a gente que está na adolescência, que é meio inseguro, parece que quando fuma fica mais seguro. Não tem medo de falar bobagem; apesar de falar, não tem muito medo.

Não preciso de maconha pra namorar com ninguém. Eu posso ficar com alguém, independente de ter fumado ou não.

Acho que agora que eu estava fumando mais, isso me ajudou no meu relacionamento com meu pai, porque antes, tudo o que ele fazia, eu criticava. Daí, agora, como eu estava mais sossegada, as atitudes dele não eram um problema.

Eu fumo quando estou com amigos. A grande maioria dos meus amigos, com quem eu tenho mais intimidade, fuma maconha. Quando eu comecei a fumar, alguns já fumavam, outros não. De vez em quando, se eles deixam um pouco comigo, eu gosto de fumar sozinha também.

Quando fumo, eu saco coisas, fico pensando em coisas que não pensaria, mas, às vezes, também não penso em nada. Depende da vez.

Não fumo para ir à escola nem dentro dela. Eu vou bem na escola e me interesso por muitos assuntos. Tenho vontade de estudar, de ler, faço natação. Gosto de música.

Tenho uma amiga que é contra. Não sei o que ela tem que é contra. Não sei se é porque o pai dela fuma. Tem gente que não gosta porque tem preconceito, prefere beber. Quando eu bebo é porque não tem maconha, mas também não bebo muito. Eu sempre prefiro sair, conversar, do que ficar em casa fumando maconha.

Eu não sei por que as pessoas usam drogas. Acho que esse mundo é muito louco e as pessoas precisam ter alguma coisa assim pra sobreviver dentro de tudo isso. Às vezes eu fico pensando que eu, eu não preciso, porque eu estou bem, minha vida é boa.

Sei lá, as pessoas fumam porque é gostoso, é bom! Fumar é muito bom, pô! Eu acho que eu fumo por isso, mas tem outras pessoas que fumam pra escapar dos problemas. Outros amigos usam pra esquecer, eles têm muitos problemas, então usam e amortecem, só que o problema aumenta.

Eu tenho um pouco de medo da polícia chegar e de ter gente com bastante fumo andando junto, como às vezes acontece.

Tenho dois amigos que passam droga, mas pra mim nunca passaram. A relação deles comigo é diferente. Quando eles têm eu fumo junto, mas nunca quiseram passar pra mim. Mas eu sei que se eu pedir eles arranjam, só que eu também não peço.

Acho que não adianta nada essas campanhas contra as drogas que existem por aí. Tem umas ideias tipo 'quem fuma é Maria vai com as outras', isso é muito ultrapassado.

Não sei se algum dia eu vou parar de usar, é uma coisa que eu nunca penso. Profissionalmente, penso em fazer pedagogia e espero muitas coisas da vida, eu quero ser feliz. **99**

10. Marlene ficou muito assustada quando descobriu que seu filho de 14 anos fumava maconha

 Ela tem 41 anos e quatro filhos. Trabalha como faxineira em casa de família.

❝ Minha filha mais velha está com 20 anos, mora com um rapaz e tem duas filhas. Os outros têm 15, 14 e 11 anos. Tenho mãe e avó. Meu marido está doente, sem trabalho. Eu, sozinha, é que sustento a casa. Fui criada na roça, no interior da Bahia. Depois viemos pra São Paulo e fui trabalhar em casa de família. Trabalho o dia inteiro, até no domingo.

Eu e minha mãe, a gente nunca tinha ouvido falar de maconha. Só veio a saber há pouco tempo, quando a coisa se alastrou. Moro em Francisco Morato, uma região muito violenta de São Paulo, onde há sempre chacina e morre muito jovem. Não faz muito tempo, um vizinho meu que era traficante foi assassinado.

À noite, quando chego do trabalho, sempre converso com meus filhos. Não tenho vergonha de conversar sobre nada. Sou uma mãe liberal. A gente fala sobre tudo: sobre os perigos das drogas, sobre doenças, sobre sexo. Por isso, quando descobri que o Lauro, meu filho de 14 anos, fumava maconha, fiquei muito decepcionada. A gente conversava tanto, eu não esperava que ele fosse usar.

Ele andava diferente, ficava bruto, estúpido, respondia alto, ficava bravo, isso antes de eu saber. Há uns 6 meses, minha mãe achou nas coisas dele uns farelos de maconha e papel pra fazer o cigarro. Eu fiquei aflita, assustada e superdiferente, não sabia o que fazer. Fui criada numa família humilde, estava acostumada a obedecer aos mais velhos e queria seguir o caminho correto.

Resolvi pedir ajuda. Uma das mulheres com quem eu trabalho é professora aposentada e conseguiu o endereço de um projeto que faz tratamento de crianças e jovens que usam drogas.

Fui lá, levei meu filho. Passei com a psicóloga e ele com o psiquiatra. A psicóloga eu adorei. Do médico eu gostei mais ou menos. Ele me perguntou: 'E se ele não quiser largar?'. Eu disse que ele pode se dar muito mal.

Quando meu filho quer sair à noite, fala que o médico disse que ele pode continuar saindo. O problema é que a região onde eu moro é muito perigosa, e meu medo é que ele se aprofunde muito nessa e passe para outras drogas que são piores, como crack e cocaína. Aí eu sei que é morte na certa, porque se a droga não mata, o traficante mata.

A psicóloga acha que eu não preciso ficar adiantando uma coisa que ainda não aconteceu e pode nunca acontecer.

Marlene ficou muito assustada

Eu não fico atrás dele verificando como detetive, mas fiscalizo.

Depois que eu descobri, o Lauro está diferente, não fica mais bruto e estúpido, mas acho que ele ainda continua usando, porque sempre carrega colírio e tem muita fome, come muito doce, não tem um limite pra comida, mas também ele é adolescente, só tem 14 anos.

Não sei por que o jovem experimenta, acho que é curiosidade. Ele vai, experimenta, aí gosta e acaba ficando. Com meu filho de 15 anos não foi assim, ele disse que experimentou: 'A gente fica louco, tonto, eu não gostei'. Ainda bem. Esse meu outro filho pensa mais, gosta mais de se divertir, de ir ao salão dançar. O Lauro não. É mais quieto.

Acho que ele não carrega droga e que tem medo de fumar na rua. Deve fumar na casa dos colegas ou sozinho em casa.

Ele não está tão bem na escola, mas também não está tão mal. As notas são mais ou menos. Eu não posso ir às reuniões de pais porque é no horário do meu trabalho. Mas quando saio do serviço sempre passo por lá para saber como foi a reunião e como o meu filho está.

Agora ele vai sozinho fazer o tratamento. Eu estou confiando nele, dou o dinheiro da passagem e do lanche. Ele me disse que vai sair dessa. No que eu puder, eu vou ajudar. 99

11. **Fatos**

Maconha
(Cannabis sativa)

A maconha é a droga ilegal mais usada em todo o mundo. Estima-se que aproximadamente 300 milhões de pessoas no planeta façam uso recreativo da maconha nos dias de hoje.

Nas cidades brasileiras com mais de 200 mil habitantes, o uso na vida de maconha aumentou de 6,9% em 2001 para 8,8% em 2005 — vale dizer que 4.427.310 pessoas nessas cidades já fumaram maconha uma vez ou outra. Nos EUA, os números alcançam 40,2%, isto é, quase a metade da população.

SUA HISTÓRIA

O uso da maconha não é novidade. Derivada do cânhamo, os primeiros registros de seu uso medicinal foram encontrados há mais de 5 mil anos. No Egito, datam do século XVI a.C. No século IV a.C. os chineses já a cultivavam. Seu uso faz parte de antigas tradições em certas nações islâmicas e hinduístas. Os romanos usavam a planta para fazer cordas e tecelagem e introduziram seu cultivo na Inglaterra, onde acabou por se transformar em uma grande indústria.

Na Europa, o uso da maconha como agente alterador do estado de consciência provavelmente começou há cerca de mil anos, mas só se tornou popular no século XIX, principalmente entre artistas e intelectuais.

Para alguns historiadores, o "fumo de Angola" teria sido introduzido no Brasil pelos negros africanos trazidos como escravos, que consideravam a maconha uma planta sagrada, com poder de produzir sonhos e também de curar. Carlota Joaquina, mulher de D. João VI, teria o costume de tomar um chá preparado com "diamba do Amazonas".

Até o início do século XX, em muitos países, inclusive no Brasil, a maconha era considerada um medicamento para vários males, além de ser usada por pessoas que desejavam "sentir coisas diferentes" e "produzir risos".

Apesar de seus efeitos medicinais como analgésico, anticonvulsivo, sonífero, estimulante de apetite, o uso da maconha foi declarado ilegal, em praticamente todo o mundo ocidental, em 1928. Discussões sobre a legalidade ou ilegalidade de seu uso continuam a acontecer desde então.

Pesquisas científicas em grande escala têm sido feitas em países como Inglaterra, EUA e Canadá. Nenhuma delas levantou evidências de que o uso esporádico ou moderado provoque doenças mentais ou físicas, leve a comportamento antissocial, ou altere a personalidade dos usuários.

No entanto, o Programa de Orientação e Atendimento a Dependentes (PROAD), do Departamento de Psiquiatria da Universidade Federal de São Paulo, tem verificado que o uso muito frequente — principalmente por adolescentes — pode levar a uma falta de motivação para as coisas da vida, semelhante à depressão.

Por outro lado, os efeitos benéficos da maconha ou de substâncias dela extraídas são reconhecidos por pessoas que sofrem de doenças como a esclerose múltipla e epilepsia. Além disso, seu uso pode reduzir ou eventualmente acabar com náuseas e vômitos provocados por medicamentos anticâncer e outros efeitos colaterais da quimioterapia.

SEUS NOMES

No Brasil é conhecida formalmente como maconha ou *Cannabis*. Nas ruas também é chamada de baseado, fumo, erva, marijuana, liamba, diamba, bengue, fumo de Angola, jererê, lombra, namba, finório, coisa, coisinha, bagulho, massa, verdinha, bangh, ganja, kaya etc.

A *Cannabis* é geralmente consumida na forma de cigarros (baseados).

SUAS FORMAS

A maconha origina-se de uma planta, parente da urtiga, chamada *Cannabis sativa*. É altamente resinosa e cresce com relativa facilidade em todo o mundo.

Um tipo particularmente potente em seus efeitos narcóticos é obtido por meio do isolamento das plantas macho antes da polinização. Isso resulta em plantas fêmeas com flores e "frutos" (espiga) maiores, sem semente e com resina abundante.

Mais de 400 substâncias químicas foram encontradas na resina, incluindo 60 compostos (canabinoides) que agem em nossa percepção. O ingrediente mais ativo, responsável pelos efeitos da planta, é chamado delta-9-tetrahidrocanabinol (THC), uma substância química fabricada pela própria planta *Cannabis*. Diferentes tipos de maconha contêm diferentes níveis de THC (que variam de 1% a 30% de seu peso), de acordo com o solo, clima, estação do ano, época de colheita, tempo entre a colheita e o uso etc.

As três formas conhecidas:

- no Brasil, a forma mais conhecida de consumo da maconha propriamente dita é a seguinte: as pequenas folhas, os "frutos" — chamados "belô" — e as flores da planta são prensados para formar uma massa sólida. O usuário "deschava" o fumo, retira as sementes e confecciona os baseados.

- a resina (ou seiva) da planta é o haxixe, uma substância marrom, composta de fragmentos extraídos da superfície da planta e prensados de modo a formar também uma massa sólida.

Geralmente o haxixe é misturado à maconha, enrolado num baseado e fumado. Na Europa, ele é misturado ao tabaco.

- o óleo de maconha, um líquido viscoso, pouco conhecido no Brasil, é refinado a partir do haxixe ou da própria planta. É fumado misturado ao tabaco ou aplicado no papel em que se enrola o tabaco ou a maconha. Seu potencial ativo é muito concentrado.

Novas formas da planta estão sendo desenvolvidas no mundo todo. Algumas delas são plantas criadas artificialmente e conhecidas como híbridos F1. A mais forte delas, desenvolvida na Holanda, é chamada *Northern Lights*. Outros tipos conhecidos são o *Purple Haze*, *Sumatran Red*, *Durban Poison* e o *Skank*.

No Brasil, têm sido descobertas plantações no interior de diversos estados, mas não são revelados os teores de THC. Essas plantações usam muitas vezes técnicas de agricultura moderna, o que pode resultar num produto com herbicidas, pesticidas e fertilizantes.

A maconha é a menos adulterada das drogas, mas mesmo assim pode ter elevado grau de impureza e contaminação.

O Brasil produz para o consumo interno e não há notícia de exportação.

SEUS EFEITOS

No Ocidente, a maconha é geralmente fumada, mas também produz efeitos quando ingerida.

Um baseado comum contém cerca de 300 a 400 mg de erva. Mesmo os fumantes mais assíduos não são capazes de absorver mais do que 30 mg de THC. No entanto, com apenas 2 mg de THC já se sente o efeito, que surge em alguns minutos, atinge seu pico em 30 minutos, e dura de 3 a 4 horas. Se você comer maconha, os efeitos surgem mais tarde, 1 a 2 horas depois, dependendo de quando você fez a última refeição e do que você comeu junto com a maconha, porém os efeitos duram por mais tempo e sua intensidade é menos previsível.

As sensações provocadas com a maconha dependem da quantidade utilizada e do seu estado psicológico. A maior parte dos usuários afirma que ela desperta sensações de contentamento, relaxamento e alegria, que a música soa melhor, e tudo que está ao redor fica realçado. Contudo, a maconha tende a acentuar qualquer que seja seu humor antes do uso da droga, de maneira que pessoas deprimidas ou ansiosas podem sentir-se ainda pior.

Fisicamente, você pode ficar desajeitado, com a fala um pouco enrolada e os olhos avermelhados. Devido ao fato de a maconha diminuir a habilidade para executar tarefas mais complicadas, ela não deve ser usada na prática de atividades que exijam concentração, tais como trabalhar, dirigir ou praticar esportes. Não deve ser usada acompanhada de álcool.

OS EFEITOS PREJUDICIAIS

Overdoses fatais apenas de maconha nunca foram confirmadas. Os efeitos colaterais conhecidos, e que são relativamente raros levando em conta o quanto a droga é usada, incluem queda de pressão, aceleração do batimento cardíaco, cegueira momentânea, ansiedade ocasionalmente seguida de ataques de pânico, e alguns níveis de paranoia. Com muito menos frequência, os *flashbacks*, perda do controle mental, e até casos de loucura já foram reportados. No entanto, o que de fato mais preocupa é a possibilidade de efeitos a longo prazo ainda não detectados, especialmente no caso dos novos híbridos, bem mais fortes, como o *Skank*. Se você sofre de problemas psicológicos, ou já teve *bad trips* durante o uso de maconha, seria uma atitude sensata de sua parte evitar totalmente o seu uso.

Um efeito colateral que traz sérios motivos de preocupação é a maneira como a droga afeta a memória, e em particular a habilidade de aprender novas informações. Estudos recentes sugerem que essa perda de memória continua por várias semanas após a interrupção de seu uso. O uso da maconha certamente aumenta a propensão a acidentes.

Com relação ao câncer de pulmão, estima-se que quatro baseados por dia tenham efeito equivalente ao de vinte cigarros por dia. No entanto, enquanto o tabagismo é muitas vezes um hábito que se carrega para o resto da vida, muito poucas pessoas passam a vida toda fumando maconha.

Um dado que pode ser preocupante para alguns homens é a probabilidade de o THC diminuir a quantidade de esperma, mas felizmente esse parece ser um efeito apenas temporário. Evitar a maconha (e qualquer outra droga ou medicamento desnecessário) durante a gravidez é uma atitude sensata.

Não há evidências de que a maconha cause dependência física, mas é possível tornar-se dependente psicológico. No caso de quem fuma sempre e em grande quantidade, a interrupção abrupta do uso pode causar irritabilidade e insônia.

A LEI

A posse de maconha para uso próprio é ilegal.

Fornecer maconha a alguém, e isso inclui vender, doar ou guardar para amigos, é tráfico, e pode levar à prisão por até 15 anos.

12. André já foi pego duas vezes fumando maconha

Ele tem 16 anos, seu pai é bancário e a mãe é arquiteta. Tem uma irmã de 18 anos e um irmão de 12. Pensa em fazer faculdade de filosofia ou biologia.

" Eu tinha 13 anos quando comecei a fumar maconha. Foi nas férias, na praia com um amigo. A gente saía à noite, ia pro bar, tomava um golinho de cerveja, depois ia pra praia e os caiçaras estavam lá fumando. Eu e esse meu amigo pedimos para experimentar. Na roda de maconheiro, quando tem um cara que nunca experimentou, fica todo mundo querendo ensinar: 'É assim, puxa de tal jeito, faz assim'.

Eu gostei do gosto. Não fumei muito e fiquei normal. Passei dois anos sem fumar, mas quando entrei na escola em que estou hoje fiz amizade com uns caras e, depois da aula, fui pra casa de um deles. Tinha um montão de gente fumando. Desde esse dia eu fumo constantemente.

Meus pais começaram a fumar maconha quando iam fazer vestibular, quando se conheceram. Eles falavam que era uma droga, mas não era pesada, era só pra de vez em quando, quando você não tem nada pra fazer, nenhuma responsabilidade, porque te deixa com preguiça. Eles sempre fumaram na minha frente, mas quando descobriram que eu estava fumando, teve uma conversa. Meus pais sempre foram legais, mesmo quando repreendiam não chegavam quebrando tudo. Chegavam conversando, mais pra criar uma consciência. Eles disseram que eu ainda era novo, mas que tudo bem, eles só ficavam preocupados, queriam que eu tivesse cuidado para não passar disso.

Minha irmã também fuma cigarro e maconha. Meu irmão não fuma, mas é tranquilo, a gente fuma perto dele e ele não liga.

Eu estava fumando quase todo dia com a galera e, no final do ano passado, quase repeti de ano. Agora estou encarando com mais responsabilidade. Chego em casa e, se eu vou fumar, faço primeiro o que tenho que fazer, depois eu fumo. Antes eu desencanava: 'Nem vou ver. Ninguém passou lição'. Daí dormia o dia inteiro.

Eu arrumo maconha com os meus amigos. Só uma vez fui comprar com eles, mas não conheço nenhuma bocada. Tem uns amigos meus que compram em grande quantidade e repassam.

Ano passado, experimentei cocaína com a turma da minha irmã, meu tio e meu pai, que cheiram. A gente estava num sítio fumando, os caras apresentaram, perguntaram se eu queria experimentar, eu falei que queria. Não achei muito diferente. Não me alterou. Você fica acordado, só. Nada especial. Só cheirei poucas vezes. Comprei uma vez de uns caras que ficam vendendo nos bares.

Um amigo que estudava na minha escola está perdido na vida, tem 18 anos, faz supletivo, estuda à noite, mas todo dia ele fuma a tarde inteira, o dia inteiro bebendo, vai pra escola e de lá sai pra algum bar com os amigos. Acho isso uma merda.

No começo desse ano eu peguei o carro da minha mãe sem ela saber. Esse meu amigo estava dirigindo e bateu o carro. Foi foda. Ele não tinha carteira e estava meio bêbado. O carro subiu na calçada, bateu num poste, rodou e caiu na rua de baixo. Cinco pessoas dentro do carro, mas não aconteceu nada de grave. O poste de sinalização dobrou e caiu em cima de mim, e o teto do carro parou a milímetros da minha cabeça. Foi uma burrada minha.

Fizeram o boletim de ocorrência. Eu, meu pai, minha mãe e o advogado fomos numa audiência com o promotor. Ele não abriu processo, porque a gente falou a verdade, e não teve lesão a terceiro. Felizmente passou.

Já fui abordado três vezes pela polícia. Na primeira, com 15 anos, eu estava voltando da Vila Madalena às 5 horas da manhã, perto da minha casa. Não tinha ninguém na rua. Passou uma viatura, e os caras pararam. O policial que estava dirigindo, um branco, já saiu com a arma na mão. O outro, um negro: 'Calma aí, vamos conversar. Você tá com alguma arma aí, com algum tipo de droga?'. 'Não, senhor.' 'Onde você está indo?' 'Eu estou voltando pra casa, moro aqui do lado.' 'Está com documento?' 'Não.' Ele falou: 'Sabia que um dos maiores problemas do Brasil, hoje em dia, é que as pessoas são mortas nas ruas e enterradas como indigente porque não têm documento?'. Daí eu fiquei com um puta cagaço: 'Vocês vão me matar?'. Ele falou: 'Que é isso? A gente não mata cidadão, não. A gente só mata bandido'. Aí eles me liberaram. Eu fui andando, e eles me acompanhando com a viatura.

A segunda vez foi perto da escola, numa padaria que eu almoço e às vezes fico lá bebendo. Fui queimar uma ponta com um amigo, encostado na parede do bar, uma rua movimentada — a gente estava sem noção. Acabou, jogou fora, já ia andando, dois policiais apontando a arma pra gente: 'Se correr eu atiro! Mão na cabeça'. Um policial fez a revista, falou um monte, jogou fora meu colírio e liberou a gente.

Outra vez, foi numa casa abandonada, perto da escola. Eu entrava sempre nessa casa com a galera, toda vez que saía da escola pra fumar. Certo dia, a vizinha chamou a polícia. Devia achar que havia tráfico de drogas, de armas, porque colaram duas Ipanemas e uma Blazer na frente da casa. Os caras subiram no muro apontando metralhadora pra gente. Eu estava com um baseado na mão, tentei esconder: 'Pode largar no chão e põe a mão na cabeça que eu já vi'. Daí foi todo mundo pra parede. Eles pularam o muro, entraram, engatilhando a arma, fazendo barulho.

Nós éramos oito, todos da escola. Eles procuraram, reviraram mochila, desmontaram caneta, não acharam nada. 'Não é possível, só tem isso aqui'. Revistaram todo mundo uma pá de vezes. Chegou um sargento branco, gordo, bigodudo: 'Agora vou descer aí e dar porrada em todo mundo'. Pegou a borracha e pulou o muro. Daí um policial negro entrou na frente dele: 'Não, eles têm direito'.

Perguntaram: 'Todo mundo aqui faz educação física?'. A gente respondeu que sim. 'Então todo mundo pro chão, fazendo flexão, agora!' E a gente lá, morrendo. 'O primeiro que parar vai tomar borrachada, tô com a borracha na mão!' E a gente não aguentava mais. 'Tá bom, agora todo mundo de pé, fazendo polichinelo.' E a gente pulando. 'Todo mundo gritando: *Drogas nunca mais!*' E a gente: 'Drogas nunca mais, drogas nunca mais!'. Nessa hora deu até uma relaxada.

Ácido eu tomei uma vez só e gostei muito. Depois fui numa festa e fiquei alegre sem ficar cansado.

Eu acho crack uma merda. Um amigo meu da escola tem um primo que fuma pedra com tabaco, 'mesclado', como os caras chamam. Meu amigo contou que já tinha ido algumas vezes com o primo dele. A gente falou: 'Meu, se liga, não faz isso'. E ele: 'Eu tenho cabeça, não vou desandar nessa droga, fumei duas, três vezes e não quero mais fumar'. Mas o primo dele já desandou, estava pegando coisas da casa pra vender e comprar pedra.

Uma vez, fui com ele comprar fumo na casa desse primo, que estava lá fumando crack com uns caras. Meu amigo fumou junto. Os caras ofereceram: 'Quer um?'. Eu falei não. No final, fiquei curioso e dei umas duas tragadas. Achei a maior droga. Não fez efeito nenhum. Eu fiquei olhando, os caras todos assim... me senti mal. Nunca mais.

Eu cheiro cola e solvente e gosto muito. Tenho consciência de que é uma merda, que destrói pra caramba, mas, meu, sei lá, eu faço de vez em quando. Se eu tivesse que parar porque faz mal à saúde, eu teria de parar de tomar cerveja, fumar maconha, cigarro, tudo, respirar em São Paulo, comer gordura demais. Tudo em excesso faz mal.

Meu pai está desandado na cocaína. Ele é uma pessoa superimportante no trabalho dele, mas não está mais conseguindo chegar na hora no escritório. Tem reunião marcada para 9 da manhã, fica dormindo porque bebeu pinga, cheirou. Chega ao trabalho 3 horas da tarde, resolve algumas coisas, mas aí já faltou à reunião, uma série de coisas.

Teve uma puta discussão esses dias lá em casa. Todo mundo chorando, liberando os sentimentos. Foi uma conversa muito boa. Meu pai não mora mais em casa, mora com a namorada dele, e a gente não tinha liberdade de chegar e falar. 'Porra, você tá cheirando demais, para com isso', não conseguia. Agora, a gente tá procurando terapia e casa pra ele, porque, onde ele está morando, um cara toca a campainha e vende cocaína na porta.

A relação de meus pais é numa boa. Faz 10 anos que se separaram. Mas, nesse dia da discussão, até rolou discretamente 'a gente devia voltar a morar junto'. Eu até fiquei meio empolgado. 'Ah, quero que meus pais voltem.' Piração!

Acho que nunca eu vou parar de usar maconha, eu gosto. Acho que se pode usar droga, mas com consciência. Quando eu usei pela primeira vez tinha isso na minha cabeça: vou experimentar e ela não vai me dominar. Eu sou muito mais forte do que ela. Se o meu pai pensava assim também? Não sei, eu não tinha pensado nisso. ,,

13. **Fatos**

Se você for preso

JOÃO ALBERTO AFONSO
Advogado especializado na área civil, retornou à área criminal porque muitos filhos de clientes seus se envolveram com drogas:

Qual a lei que controla o uso de drogas?
"A lei que trata de substâncias entorpecentes é a Lei 11.343, de 23 de agosto de 2006, que foi editada em substituição à Lei 6.368, de 21 de outubro de 1976. Nela verificamos muitos avanços em relação a distinção entre dependentes químicos e traficantes. Esta Lei institui o Sisnad (Sistema Nacional de Políticas Públicas sobre Drogas); prescreve medidas para prevenção do uso indevido, enfatiza a atenção e a reinserção social de usuários e dependentes de drogas; estabelece normas para repressão à produção não autorizada e ao tráfico ilícito de drogas e define crimes."

O que é legal e o que é ilegal?
"Tabaco e bebidas alcoólicas não são drogas consideradas ilegais, mas quem é flagrado dirigindo com qualquer concentração de álcool por litro de sangue é penalizado pela lei, e em algumas Estados, como São Paulo, existe a Lei Antifumo, que proíbe fumar em ambientes fechados de uso coletivo, incluindo bares e restaurantes.

Solventes e medicamentos controlados também não são ilegais, mas seu uso indevido pode ser penalizado. Segundo o Código de Medicina, é ilegal vender ou fornecer a alguém anfetaminas, barbitúricos, esteroides e tranquilizantes, sem a receita médica apropriada. Mas não é ilegal possuir essas substâncias desde que compradas com receita médica específica e personalizada.

Todas as outras substâncias entorpecentes, ou que determinam dependência física ou psíquica, são consideradas ilegais. Pela lei brasileira, não há diferença entre maconha, heroína, cocaína e crack, LSD, *ecstasy*, cogumelos (se estiverem na forma de preparados) e outras."

É verdade que muitos usuários são presos como traficantes?

"O avanço na Lei 11.343 reside no fato de que, antes, sem medir a participação ou o grau de envolvimento com o tráfico de drogas, a pena era exatamente a mesma, pouco importando se o sujeito era o chefe do tráfico ou se vendia para sustentar o próprio vício.

Outro aspecto de destaque na nova Lei é a aplicação de severa pena contra aqueles que financiam o tráfico, no caso, os famosos 'mãos limpas' que entregam o dinheiro e ficam à espera do lucro, distantes dos perigos inerentes à compra e à distribuição.

A Lei 11.343, muito bem redigida e cuidadosa em detalhes, abrange inclusive políticas públicas de prevenção ao consumo de drogas e reintegração de suas vítimas. Infelizmente, na prática, o consumo vem aumentando drasticamente. Entendo que isso ocorre porque os verdadeiros traficantes estão acobertados e infiltrados nos diversos órgãos públicos, o que nos leva ao mesmíssimo lugar.

O grande problema com o tóxico é que os verdadeiros traficantes não são punidos. Quem a polícia pega é o cara que está numa dependência tão grande, que fica no ponto distribuindo as mercadorias para receber sua parte em droga, são as 'mulas', os 'aviões', ou jovens que, sem nenhuma perspectiva profissional, tornam-se distribuidores.

Nas cadeias brasileiras, 70% dos traficantes presos não têm sequer condições de pagar um advogado. E o tráfico, sabemos, movimenta fortunas. Os verdadeiros traficantes — aqueles que moram em coberturas na beira do mar, no Rio de Janeiro, ou em bairros nobres de São Paulo, que os filhos estudam na Suíça —, não conheço nenhum que esteja preso. Só os moradores de favelas continuam sendo punidos e titulados como 'grandes chefes do tráfico'. Estes são alçados ao *status* de senhores supremos do tráfico, como se tivessem qualquer condição de sentar numa mesa internacional para engendrar esquemas sofisticados.

Quanto ao lucro, é bem sabido que os financistas fazem uso da famosa lavagem de dinheiro através de empresas de fachada que são criadas com esse propósito.

Geralmente as pessoas, e principalmente os jovens, imaginam que traficar é somente pegar drogas e vender. Mas não é só isso, e muito jovem acaba sendo condenado como traficante por bobeira. A bobeira que ele comete é desconhecer que, para o traficante, a pena é séria, porque é considerado crime hediondo, inafiançável.

Não adianta ser réu primário, ser menor de 21 anos, ter emprego, bom comportamento, residência, não adianta nada disso. Para o traficante não há nenhum benefício legal, a pena mínima que o juiz pode dar é de 5 anos e a máxima, de 15.

Um fato que ocorre: um jovem é pego e dentro do seu automóvel é encontrada determinada substância tóxica. Se ele comete o equívoco de dizer: 'Não é minha, foi um amigo que me pediu para buscar', é enquadrado como traficante. 'Só fui comprar e trazer aqui pra festinha', é tráfico. 'Só estou guardando para uns amigos', é tráfico.

'Quer um pouquinho, quer um tapinha?' É tráfico. Está na lei: 'oferecer, fornecer, entregar para o consumo, ainda que gratuitamente'. Oferecer, não é apenas oferecer para compra.

Ou quando um cara pede para que você o ajude a injetar a droga. Se você fizer isso, é tráfico. Ou se você deixa alguém fumar na sua casa, é tráfico.

Se você for preso

Normalmente, o verdadeiro traficante tem essa lei na cabeça e sabe perfeitamente o que dizer quando é autuado: 'É meu, para uso próprio'. Assim, ele é enquadrado no Artigo 28, como dependente.

O melhor, para o usuário, é ele assumir que é dele, para uso próprio. Ou que ele diga: 'Não sei de quem é', 'Não é meu, plantaram aqui', 'Nem sei como foi parar aí'. Assim, estará negando tudo: não está lá para vender, nem para consumo próprio."

O que acontece com o usuário

Pelo Artigo 28, quem adquirir, guardar, tiver em depósito, transportar ou trouxer consigo, semear, cultivar ou colher plantas destinadas à preparação de pequena quantidade de substância ou produto capaz de causar dependência física ou psíquica, **apenas para seu consumo pessoal**, sem autorização, poderá, a critério do juiz, ser submetido às seguintes penas: advertência sobre os efeitos das drogas; prestação de serviços à comunidade; medida educativa de comparecimento a programa ou curso educativo e à multa.

Principais delitos que caracterizam o crime de tráfico

- Importar, exportar, remeter, preparar, produzir, fabricar, adquirir droga que você pretende doar ou vender a alguém;

- Estar portando ou ter em depósito, guardar, transportar ou entregar quantidade grande ou pequena de uma droga que você pretende doar ou vender a alguém.

"Nos artigos 33 a 44, a Lei 11.343 define os crimes e as penas aplicáveis, tendo avançado no sentido de apenar de acordo com a gravidade do delito praticado, tornando a pena bastante severa em relação a importar, exportar, remeter, preparar, produzir, fabricar, adquirir, oferecer, ter em depósito, transportar, trazer consigo, guardar, prescrever, ministrar, entregar a consumo para **vender, expor à venda ou fornecer drogas, ainda que gratuitamente,** sem autorização ou em desacordo com determinação legal ou regulamentar.

De acordo com o crime cometido, você pode ser preso de 5 a 15 anos e ainda tem de pagar multa."

É também ilegal

- Semear, cultivar ou colher essas drogas para vender, expor à venda;

- permitir que alguém use sua casa ou apartamento para vender drogas;

- permitir que alguém use drogas em sua casa.

O que fazer quando um filho menor de idade é preso?

"Os pais têm de comparecer ao distrito. É bom já irem acompanhados por um advogado. Nesse momento, os pais devem amparar o filho, conversar sobre e por que isso aconteceu. Chegar à delegacia berrando e gritando com o filho, ou pegá-lo pela orelha, não adianta nada.

O advogado vai examinar a situação, verificar qual é a gravidade e quais são as provas contra ele. Os pais devem procurar entender a dimensão real do caso, sem dramatizar ou se deixar levar por sentimentos de culpa ou fracasso. Prender o filho em casa à noite ou no fim de semana, tirá-lo da escola ou vigiar todos os seus passos, de nada adianta.

Os pais deveriam aproveitar esse acontecimento para, com carinho e firmeza, conversar mais com o filho sobre as dificuldades que ele está enfrentando. Aproveitar para, junto com o filho, pedir ajuda a entidades e profissionais especializados em questões de drogas."

Conheça os seus direitos

A polícia tem o direito de abordar as pessoas, revistá-las e prendê-las, se supuser que estejam portando algum tipo ilegal de droga. Se isso acontecer, você deve saber que tem os seguintes direitos:

- Você tem o direito de permanecer calado e não responder a nenhuma pergunta, nada pode ser imposto;
- o policial tem de ter argumentos razoáveis para suspeitar de você, e esses argumentos devem ser apresentados;
- se você for preso, o policial deve explicar a você o motivo;
- o policial não pode levá-lo à delegacia sem antes lhe prender, a menos que você concorde em ir voluntariamente;
- se você for uma garota, a revista só pode ser efetuada por uma policial feminina;
- se você for menor de 18 anos, o policial deve contatar seus pais ou tutores e lhes contar por que você foi detido e onde você se encontra;
- se você for menor de 21 anos, o policial não pode lhe perguntar nada, sem que seus pais ou um curador estejam presentes (o curador estará ali para ver se você não foi acuado, se respondeu de livre e espontânea vontade);
- você tem o direito de pedir a um policial para fazer uma ligação telefônica a um amigo ou parente, para comunicar-lhe o ocorrido;
- se estiver detido na delegacia ou sendo interrogado pela polícia, você tem direito a um aconselhamento jurídico. Você tem direito a um advogado. Se você tiver ou conhecer um, peça para contatá-lo. Caso não tenha, chame a Defensoria Pública e você terá o aconselhamento jurídico gratuito;
- se você for detido e encaminhado para a delegacia, saiba que a polícia não pode mantê-lo detido sem acusações por mais de 24 horas;
- a prisão temporária é de 3 dias. Quem determina a sua prisão temporária é o juiz;

■ após esse período a polícia tem de soltá-lo ou fazer alguma acusação formal ou obter uma nova liminar de um juiz para poder deixá-lo detido por mais tempo sem acusações.

 MARCIO SERGIO CHRISTINO
Procurador de Justiça da Procuradoria de Justiça Criminal do Ministério Público do Estado de São Paulo — Secção Especializada em Crime Organizado e Controle Externo da Polícia.

As observações do entrevistado decorrem de expressa previsão legal e são de cunho objetivo; as questões de natureza subjetiva representam tão somente sua opinião pessoal.

O que acontece

"Se você é surpreendido na posse de drogas ilícitas duas opções se abrem: *porte* ou *tráfico*. Ambas com consequências completamente diferentes.

No caso do *porte* você é encaminhado à Delegacia para registro da ocorrência (não há prisão) no que se denomina 'termo circunstanciado'. O termo é encaminhado ao fórum onde o juiz o intima para uma audiência onde se propõe um acordo que varia entre cestas básicas ou alguma atividade alternativa.

Caso você se negue, procede-se tal como um processo de juizado especial criminal (de pequenas causas) onde você pode se opor à acusação, e cujo desfecho pode ser a absolvição ou a condenação.

Nesta última hipótese as penas previstas são: a) advertência verbal; b) prestação de serviços à comunidade ou c) obrigação de comparecer a curso ou programa educativo. Não há prisão em nenhum caso.

Já na hipótese do *tráfico* procede-se ao auto de prisão em flagrante concedendo-se à polícia 30 dias para a conclusão das investigações. Na sequência, os autos são encaminhados ao Ministério Público via judicial, o Promotor analisa e pode arquivar o procedimento encerrando a ocorrência, requisitar diligências a serem realizadas pela polícia ou oferecer a denúncia para dar início ao processo.

A denúncia (que nada mais é que uma acusação formal) é encaminhada ao juiz que pode recebê-la ou rejeitá-la. Se rejeitar abre-se uma discussão sobre a possibilidade de julgamento. Se receber dá-se início à ação penal. Você, agora réu, tem direito de resposta à denúncia, e em seguida o juiz decidirá sobre a data do julgamento, local onde serão ouvidas as testemunhas, o acusado e a questão será debatida, podendo a sentença ser proferida naquele mesmo instante ou em dez dias. A pena em regra é de 1 ano e 8 meses de reclusão havendo uma discussão quanto à necessidade de se cumprir a pena inicialmente em regime fechado (preso) ou não.

Se a decisão for pelo regime fechado, em regra o traficante obterá liberdade em 8 meses, caso não seja reincidente. É a menor pena para tráfico de drogas que se tem notícia no mundo. A pena de 5 anos somente é aplicável quando o criminoso não é primário, isto é, quando tem condenação anterior; quando se dedica a atividades criminosas (um traficante que busque o lucro, por exemplo), ou se for integrante de organização criminosa, somente nestes casos a pena aplicável será de 5 anos, o que, de qualquer forma, nestas condições, também é a menor da qual se tem conhecimento no mundo."

Dependência

"Se você for considerado dependente, o que implica no reconhecimento de que não entende o caráter criminoso daquilo que está fazendo ou, mesmo que entenda, não consegue agir de acordo com este entendimento, será absolvido eis que isento de pena, podendo, quando for o caso, ser encaminhado para tratamento.

Note-se que o conceito legal exige que você não tenha noção do que está fazendo ou que tenha a noção, mas não consiga conter seu comportamento. Se tiver a noção apenas parcial, ou a capacidade de agir parcialmente obliterada, a pena será reduzida em até 2/3 com a mesma ressalva anterior."

Legalização
"Sou radicalmente contra a legalização das drogas. Trata-se de uma falácia. Não existe compra sem venda. Se alguém vende é porque outro compra; quando se permite a compra irrestrita, automaticamente a venda vai agregar este valor. É o sonho de consumo de todo o traficante. A liberalização cria um mercado aberto de consumo sem qualquer regulamentação ou controle, um mercado consumidor sem concorrência ou disputas comerciais e colocado nas mãos de traficantes.

O mito holandês é outra questão duvidosa. A Holanda não é um país produtor de drogas (como a maconha, por exemplo), sua extensão territorial é das menores, o que permite um controle mais fácil e eficiente, e possui um sistema de saúde compatível com as suas necessidades.

O Brasil produz maconha em escala e é vizinho dos grandes produtores de cocaína, com fronteiras porosas e sem controle. A extensão territorial é continental, carecendo de controle, e o sistema de saúde, bem, dispensa comentários.

Apostar na criação de um sistema de saúde oficial, em uma rede de atendimento a viciados é versão fantasiosa que não leva em consideração a realidade do país onde, recentemente, pessoas morreram em filas ou ambulâncias porque não conseguiram atendimento de urgência.

Como já ficou claro, o tratamento em caso de posse para consumo pessoal é extremamente flexível e em momento algum permite a prisão de consumidores. A questão demanda uma reflexão mais profunda."

O menor de idade na delegacia
"No caso de porte os pais são chamados para retirá-lo da Delegacia, um relatório é enviado à Vara da Infância e Adolescência onde o Promotor e o Juiz analisarão e decidirão quanto a

necessidade de alguma providência. No caso de tráfico o menor é encaminhado à Fundação CASA e apresentado na sequência ao Promotor da Infância e Adolescência que analisa o caso e pode encaminhá-lo à Juízo onde poderá ser imposta medida protetiva."

Reação dos pais
"Na Delegacia, em regra os pais reprovam a conduta dos filhos, porém, após o impacto inicial, dificilmente tomam medidas mais eficazes ou buscam ajuda. Apenas com o agravamento da dependência e com a sintomatologia mais aguda buscam providências."

Fiança
"No caso de posse para uso não há fiança simplesmente porque não há prisão, já o tráfico é inafiançável."

ELPÍDIO FRANCISCO FERRAZ NETO
Defensor Público, integrante da Defensoria Pública, instituição que defende e presta orientação jurídica, em todos os níveis, aos necessitados:

"Há quatro Varas encarregadas de julgar a responsabilidade dos adolescentes que moram na cidade de São Paulo, ou que não moram, mas cometeram atos infracionais na capital. Há também o Departamento de Execução da Infância e Juventude, que é responsável pelas unidades de internação com sede na capital e na Grande São Paulo.

Pelo Estatuto da Criança e do Adolescente, se você tem de 12 a 18 anos incompletos merece atenção especial da lei, pois está em fase de desenvolvimento e formação da personalidade. Se, nessa faixa etária, você cometer um crime ou delito, é julgado como adolescente.

A internação ou reclusão é uma medida muito severa, que só pode ser aplicada quando o ato é cometido com violência ou grave ameaça, ou quando o ato é considerado uma reiteração de outros atos graves, ou seja, quando o menino é um infrator contumaz.

O porte de entorpecente apenas, mesmo que o adolescente tenha sido pego pela décima vez, jamais possibilita que ele seja internado. E não interessa o tipo de droga que ele esteja consumindo. O usuário de drogas é mais uma vítima do que um agente da criminalidade.

A nova lei reguladora, número 11.434/2006, ao estabelecer o delito de posse de entorpecentes para uso próprio, não estabeleceu respostas estatais que implicam privação de liberdade. O acusado poderá ser advertido sobre os efeitos das drogas; vinculado à necessidade de prestar serviços comunitários ou ainda, como medida educativa, ser obrigado a comparecer a programa ou curso educativo. Na hipótese de descaso com tais obrigações, a lacuna se resolve em multa, jamais em isolamento carcerário, embora seja atual e controversa a hipótese de internação psiquiátrica imposta por decisão judicial. O dissenso diz respeito à adesão ou não do paciente ao tratamento, e na eficácia da permanência hospitalar quando há desinteresse por parte do paciente.

Agora, quanto ao tráfico, há uma polêmica. Porque o tráfico é considerado, para os fins da Lei Penal, crime hediondo — o crime de tráfico é punido com a pena de reclusão, a mais grave que existe. Só que o tráfico, na sua construção jurídica, não tem em si qualquer violência real contra a pessoa. E, segundo o Estatuto da Criança e do Adolescente, os atos infracionais que podem redundar em internação são aqueles com violência real ou grave ameaça.

Então, como conciliar a qualificação de hediondo e a impossibilidade de isso redundar em internação?

Em São Paulo, como há varas especializadas, os juízes, sabedores dessa peculiaridade, não costumam aplicar internação; mas medidas alternativas. Porém, se o adolescente é pego traficando pela segunda vez, aí já se poderia interná-lo, pois ele estaria cometendo outro fato grave — hipótese em que estaria autorizada legalmente a sua internação. E essa não é a solução mais adequada, mesmo porque a estrutura da Fundação CASA (Centro de Atendimento Socioeducativo ao Adolescente) apresenta muitas deficiências.

A Fundação CASA jamais poderia se parecer com presídios. Um garoto desses geralmente não está só traficando, mas seriamente envolvido com o consumo de entorpecentes. A abordagem mais sensata e legítima passa pela pesquisa do estado clínico do menino e por trabalhos orientados à dispersão da dependência, quando instalada. A atratividade material do tráfico é forte e enfraquecê-la é política pública importante no seu combate, com a oferta de caminhos pelos quais o adolescente possa se estabelecer, desviando o interesse da renda proporcionada pela venda de drogas.

O advento do crack abalou a equação antes observada quanto ao uso e ao tráfico de drogas. As recentes ações policiais no reduto de seus usuários revelaram a dimensão do problema. Prender parece não ser a saída apropriada, sobretudo quando se trata de adolescentes — pessoas em franca formação da personalidade —, capturados pelo vício ou envolvidos no tráfico.

O estereótipo do garoto de rua bandido é falácia. Não é realidade. Os garotos que estão em situação de risco nas ruas não têm condições estruturais e logísticas de conseguir uma arma, ou se aproximar de um traficante, para dar os primeiros passos na venda, no mundo do tráfico. São muito debilitados e chegam à Fundação CASA mais por razões de carência.

O adolescente que já tem certo contato com o consumo na escola ou com grupos, este sim, compõe a grande parte dos que acabam integrando a população da Fundação CASA."

Penalidades que o adolescente infrator pode receber, da mais grave para a mais leve

"*Internação* — o garoto é privado da liberdade; a lei diz que a internação na Fundação CASA deve ser aplicada só como última medida e por pouco tempo.

A lei assegura ao adolescente internado seus direitos mais elementares: alimentação, escola, cursos profissionalizantes, lazer, higiene, atendimento médico, receber visitas etc.

Pelo Estatuto da Criança e do Adolescente e pela Constituição Federal brasileira, o adolescente não pode sofrer qualquer tipo de abuso ou violência, tem de ter a sua dignidade respeitada, e a lei punirá severamente qualquer tipo de abuso ou violência cometidos contra o adolescente. Infelizmente, não é o que se tem observado na prática.

Não se pode admitir que qualquer menor seja vítima de agressão nem por parte de um monitor da Fundação CASA e nem de outros internos. Caso isso ocorra, a família pode entrar com uma ação de responsabilidade civil contra o Estado pedindo indenização e a punição dos responsáveis.

Semiliberdade — regime de internação intermediário. O garoto tem o dia todo livre para trabalhar e estudar, mas à noite tem de dormir em uma unidade da Fundação CASA — que não é uma unidade de contenção máxima, é média.

A unidade em que ele está vai tentar apoiá-lo para conseguir uma vaga na escola e colocá-lo no mercado de trabalho. Pode passar o final de semana em companhia da família, só que tem de cumprir determinadas regras de horário, de comportamento, não pode frequentar determinados locais.

Essa penalidade não priva o adolescente de liberdade, mas o retira da convivência total com a família. Se cumprir os horários, ele pode ir ao cinema, trabalhar, estudar, mas não vai poder ir a um baile, a uma festa, porque às 10 horas da noite tem de estar na Fundação CASA.

Liberdade assistida — medida em que o menino permanece em companhia da família tendo a incumbência de, periodicamente, comparecer a um posto onde vai ser orientado pela Fundação CASA e até auxiliado a procurar escola e trabalho.

Prestação de serviço à comunidade — realização de trabalhos para a comunidade.

O adolescente pode realizar trabalhos que não sejam degradantes, que não o exponham ao ridículo, nem o obriguem a realizar algo que vá além de suas forças. O interessante seria casar essa medida com a oferta de conhecimentos capazes de propiciar uma futura entrada do adolescente no mercado de trabalho.

Obrigação de reparar o dano — medida aplicada em crimes em que há um prejuízo material.

Advertência — um alerta que se faz ao adolescente infrator, para que ele deixe de adotar aquele comportamento."

Os pais

"Se os pais não forem localizados pela delegacia, o menino é encaminhado para a Unidade de Acolhimento Inicial, da Fundação CASA. Nessa unidade, tenta-se novamente contatar os pais.

O adolescente não pode ser processado sem a presença de um responsável ou, na ausência de um responsável, de um curador, normalmente um Defensor Público. É aqui, no Poder Judiciário, que as coisas vão acontecer, e a presença dos pais é importante.

Segundo orientação geral do Estatuto da Criança e do Adolescente, sempre se busca trazer a família para participar, para que possa saber o que está ocorrendo com o filho.

Numa rotina normal, os pais acompanham todo o processo em que está sendo apurada a situação do filho e vão participar do processo socioeducativo posterior àquela apuração. Mesmo que o filho receba Internação, os pais serão chamados pela unidade semanalmente para serem entrevistados e participar. Na semiliberdade é a mesma coisa. Na Liberdade Assistida é aconselhável que os pais acompanhem o garoto em todas as entrevistas que ele vai ter. Na Prestação de Serviço, os pais também serão chamados, caso o menino descumpra as determinações, e assim por diante.

Quando há omissão dos pais, ou uma deficiência econômica grave, aí sim o Estado está autorizado a intervir através de um Conselho Tutelar ou através do próprio Judiciário, aplicando medidas de orientação e apoio material para que a família possa se reestruturar, se recompor, se aproximar do adolescente, pois o menino está vivendo um momento difícil.

No caso de omissão muito grave, poderia haver até a medida extrema de suprimir o poder familiar, colocando o menino em abrigo ou família substituta. Isso só acontece em casos muito graves, muito extremos, que, embora não muito frequentes, ocorrem mais do que a gente gostaria."

Legalização
"É uma questão meio complicada. Pessoalmente, acredito que teria que partir de uma campanha de saúde pública de conscientização dos males que a droga pode provocar, a exemplo do que está acontecendo com o cigarro e as bebidas alcoólicas. Aí, sim, se poderia liberar. Sem isso, acho temerário.

A legislação paulista mais recente, que proíbe com intensidade a venda de bebidas alcoólicas aos menores de 18 anos, é produtiva e original no país, revelando uma preocupação com a possível escalada no uso das drogas — pois o álcool pode ser a porta de entrada ao consumo de outras substâncias. Nesse sentido, retardar o consumo do álcool, com redução de danos e riscos (que é a filosofia encampada pela Lei Federal 11.343/06), pode ser uma interferência positiva marcante na vida de um provável usuário.

Alertar a respeito da patologia latente que conduz à dependência química e para as dificuldades acarretadas pelo consumo de drogas, promovendo campanhas apropriadas sobre o tema, são atitudes que considero fundamentais para um avanço quanto à possível liberação de algumas substâncias, naturalmente após pesquisados e bem conhecidos os seus efeitos."

EDUARDO FERREIRA VALÉRIO
Promotor de Justiça de Direitos Humanos do Ministério Público do Estado de São Paulo, atua na área de Inclusão Social:

Quando a pessoa está na rua, debilitada por uma dependência como a do crack, sem poder cuidar de si mesma, o que pode ser feito?
"Hoje no Brasil temos duas situações muito distintas. Existe o mundo das pessoas que têm recursos para pagar tratamentos em clínicas especializadas, de diversas orientações, e pessoas que absolutamente não têm esses recursos.

Para os pais desesperados diante de um filho em situação de dependência, a lei permite, em casos excepcionais, a internação à revelia do paciente, por pedido da família e por ordem médica. Para tanto basta uma medida judicial de caráter individual.

Em torno das internações há uma questão muito ideologizada, que é herança dos movimentos que lutaram contra os manicômios no Brasil, por ocasião da Lei Antimanicomial de 2001. Ainda hoje existe uma espécie de rivalidade entre os que são favoráveis e os que são contrários às internações.

Em geral, as pessoas que lutaram — corretamente, é preciso dizer — contra o absurdo estado de coisas daqueles velhos manicômios, hoje tendem a se posicionar de maneira inflexível, de não aceitar a internação em hipótese alguma. Dentre os que admitem a internação há uma gradação, que vai desde aqueles que a admitem em qualquer hipótese, de maneira muito simples, e assim se aproximam dos defensores do velho modelo manicomial, até aqueles que a admitem de modo excepcional. No Judiciário há uma certa flexibilidade a respeito da internação. Porém essa é uma questão individual, de dependentes químicos que têm pai e mãe interessados e presentes, com condições financeiras para tal.

A segunda situação é a de um mundo muito mais cruel, dos jovens adolescentes que caem em dependência química e, ou não têm família, ou têm mães preocupadas e desesperadas, mas sem condições financeiras para enfrentar os duros tratamentos, e que dependem, portanto, da saúde pública. Aí a questão é muito mais séria, porque a oferta de tratamento na saúde pública é ainda muito precária.

No caso de dependentes químicos jovens, adolescentes e adultos que estão na rua se drogando (especialmente com crack, cuja oferta é fácil e barata), o que nós, Promotores de Justiça de Direitos Humanos, imaginamos como políticas públicas — e estamos tentando inspirar nos gestores públicos — é não tratar o assunto como sendo questão de polícia e de justiça criminal. Este talvez seja o grande tema do momento no que se refere à dependência química de pessoas pobres.

E neste ponto enfrentamos um problema muito sério com a legislação: o porte de droga para uso próprio ainda é crime no Brasil. Minha posição é totalmente contrária à criminalização, exatamente por ter convicção de que a dependência química é um problema de saúde, e de saúde pública, no caso desses que estão na rua — um problema que não pode ser tratado como caso de polícia ou de justiça criminal. O tráfico sim é uma questão criminal, uma questão de polícia. É preciso que haja uma separação muito clara dessas duas realidades.

O dependente químico precisa de políticas de assistência social e de saúde. Nesse caso, a polêmica da internação compulsória é pertinente. Seria possível chegar, por exemplo, na Cracolândia, a mando militar, e conduzir os dependentes à uma clínica? Claro que não. Isso pode ocorrer excepcionalmente, em casos muito especiais, por prazo determinado e por determinação médica, como preconiza a OMS, e nós ainda acrescentaríamos, com o controle do Ministério Público, que é o que diz a Lei Antimanicomial.

Para os que estão na rua, o modelo que tentamos discutir com a Prefeitura e, de certa forma, também com o Estado, é

1) Que haja um trabalho constante e profissional de abordagem das pessoas na rua, no sentido de criar vínculos e tentar convencê-los a se submeterem ao tratamento;

2) Depois, buscar uma atuação conjunta de saúde e assistência social. Assistência social no sentido de procurar restabelecer vínculos familiares. Essas pessoas que estão na rua geralmente têm família. E não voltam para casa por vergonha da situação de dependência, que as leva a se tornar um molambo humano;

3) Paralelamente à questão do atendimento médico, no caso de uma internação voluntária, vem a parte fundamental: é preciso preparar a 'porta de saída'. Porque não adianta mantê-los por certo período fazendo o tratamento, sem saber o que fazer depois, senão imediatamente eles voltam para rua e já caem na primeira pedra de crack. É necessária uma residência terapêutica, ou qualquer nome que se dê, uma instituição pequena, com responsáveis, que permita a essas pessoas começarem a reassumir a gestão da própria vida;

4) Continuidade do tratamento ambulatorial, geralmente nos CAPS (Centros de Atenção Psicossocial) e, na medida em que se permita retomar à condição pessoal de cada um, políticas de acesso a educação, trabalho e renda;

5) Em último caso, é preciso prever moradias para aqueles que não retornarem a suas famílias.

Então, veja que é um projeto, uma visão extremamente ampla, que visa a emancipação do ser. Que o dependente reassuma o controle de sua vida, livre da droga.

O Ministério Público entende que isso é responsabilidade do Estado, pois nós estamos num Estado Social de Direito mais do que num Estado Liberal. Mais do que o incentivo à atividade econômica, o que a nossa Constituição enfatiza é a solidariedade e o fim de qualquer tipo de discriminação, é a dignidade da pessoa humana. Então são os imperativos da Constituição que exigem que o poder público direcione recursos para um sistema de saúde e assistência social integrados, que permita esse tipo de atuação junto às pessoas mais pobres.

Nós nos deparamos, porém, com diversas dificuldades: de recursos, de vagas, de equipamentos, de assistência social e, principalmente, de saúde. Essas 'portas de saída', as residências terapêuticas, praticamente ainda não existem em São Paulo. Então nós ficamos, no Ministério Público, tentando que os poderes públicos cumpram essas obrigações que lhes são postas pela Constituição.

Ao mesmo tempo, há uma pressão violenta, inclusive da opinião pública, para que a questão seja tratada com truculência, com violência policial, sobretudo porque esbarramos na questão de que o uso de droga para uso próprio é crime. Então o policial que se depara com alguém portando pedras de crack ou um pacote de maconha ou de cocaína na rua, ainda que para uso próprio, em tese deve conduzir esse sujeito à delegacia de polícia, fazer o se que chama de 'termo circunstanciado', que é um tipo de boletim de ocorrência, próprio para as infrações de menor potencial ofensivo, e esse indivíduo, se localizado, será intimado a ir ao fórum."

A dependência do crack já é uma situação epidêmica?

"Embora as estatísticas não estejam atualizadas, os números são altos, mas não tão escandalosos como podem parecer. Eu diria que, na verdade, o problema do crack assume grande evidência no noticiário por conta da situação das pessoas na rua que usam o crack. Como a pedra faz efeito imediatamente, mas logo em seguida já dá a fissura, o dependente sente a necessidade do uso contínuo, e aquilo vai depauperando a pessoa; não a mata em seis meses como se imaginava, na verdade vai desgastando a pessoa aos poucos, de forma até mais cruel...

Na verdade, o problema de drogas no Brasil chama-se *álcool*. Segundo os estudiosos ele é a porta de entrada para as drogas. Só que é uma droga lícita, em alguns momentos glamorosa, bancada por grandes empresas que pagam fortunas de tributos e têm uma atuação publicitária impressionantemente forte, patrocinando eventos culturais, esportivos etc.

São muito grandes os interesses envolvidos na indústria do álcool, o que impede talvez uma atuação mais efetiva. É onde, de fato, está o problema da drogadição no Brasil. E nesse sentido talvez pudéssemos até falar em uma 'epidemia de álcool', pois temos estatísticas escandalosas de jovens, e até de crianças, que usam álcool em excesso. Sem falar dos adultos que usam socialmente de forma exagerada e se candidatam à condição de dependência. Essa questão perpassa todas as classes sociais, de forma universal, e atinge cada vez mais jovens e crianças, permitindo o acesso a outras drogas, inclusive o crack.

Então, se fôssemos buscar uma política geral de combate às drogas realmente consistente, teríamos que começar com o álcool. Lei seca? Não. É o contrário. É exatamente liberar as outras que hoje são ilícitas e dar a todas um tratamento de saúde pública, regulando seu uso.

Regular o uso não significa entregar sua distribuição ao Estado, como se faz na Holanda ou na Suíça. Regular é especificar que pessoas podem usar, os lugares onde podem consumir e, principalmente, as condições desse uso.

E, ao mesmo tempo, oferecer equipamentos de recuperação, de saúde pública e de prevenção, integralmente. Desde a pré-escola até a idade adulta, no ambiente corporativo, nas grandes empresas (onde é um horror o que se bebe) e, sobretudo, regular sua publicidade. É preciso quebrar o *glamour*. Não é bonito sair do trabalho, encostar a barriga no balcão e beber — e chamar isso de 'hora feliz', e, para ficar mais elegante, dizer em inglês, '*happy hour*'. Se não quebrarmos esse ciclo, vamos caminhar para uma sociedade de drogados.

Hoje o fato de o governo federal colocar a questão do crack na pauta da discussão social é um grande avanço; e o fato de o Ministério da Saúde dispor-se a criar uma política, e a implantá-la nas cidades brasileiras em que as prefeituras estiverem de acordo, é um grande avanço.

É preciso tirar o foco da questão criminal quando se refere à dependência química. Esse é um ponto que me parece fundamental."

PEDRO VIEIRA ABRAMOVAY

Ex-Secretário Nacional de Justiça, professor de Direito da Fundação Getúlio Vargas, no Rio de Janeiro, e coordenador do site www.bancodeinjusticas.org.br:

"Criminalizar o consumo de drogas é ineficiente, inconstitucional e provoca sérios danos à sociedade. É ineficiente, pois em nenhum país do mundo se conseguiu diminuir o consumo de qualquer droga com repressão policial — ao contrário, a única droga em que se conseguiu reduzir o consumo a partir de políticas públicas foi uma droga lícita: o tabaco.

É inconstitucional, pois utiliza o direito penal para proteger uma pessoa dela mesma; é o único crime no qual a vítima e o autor são a mesma pessoa. A Constituição não permite que o Estado intervenha na liberdade individual desta maneira. E ainda causa danos para a sociedade porque a criminalização provoca uma guerra com mortos, destruição de famílias e prisão de pessoas que nunca praticaram um crime violento.

Assim, é necessário que pensemos uma política sobre drogas não a partir de chavões ideológicos, mas com o claro objetivo de tornar a vida das pessoas melhor."

Segundo o site www.bancodeinjusticas.org.br, na prática, os setores mais pobres da população quase nunca encontram a interpretação da lei a seu favor.

Ele informa que "nos três anos posteriores à lei de 2006, a população carcerária de presos relacionados às drogas cresceu mais de 62%. Pela primeira vez, o tráfico de drogas se transformou no crime que mais encarcera brasileiros".

14. **Rui cheirava cola na rua**

 Ele tem 11 anos. Mora com os pais, mas houve uma época em que fugiu de casa e passou mais de um ano morando na rua.

❝ Minha mãe é costureira e meu pai vigia. Meu pai bebia, mas agora ele parou, estava ficando com problemas de saúde. Minha mãe não bebe, nem nunca fumou. Tenho seis irmãos. Do meu pai eu não apanhava não, a não ser quando aprontava alguma coisa na escola. Lá, de vez em quando, eu batia nos moleques.

Comecei a usar cola quando tinha 9 anos e maconha com 10 anos. Não consegui me viciar com maconha. Mas pela cola, tinha vontade e ficava direto cheirando. Dá vontade de cheirar até hoje.

Quando cheirava eu me sentia melhor, sentia que eu podia fazer o que quisesse. Brigar, bater em outros moleques. Principalmente quando eu estava na escola, lá eles tiravam sarro da minha cara. Eu usava droga, voltava e batia neles.

A primeira vez que eu cheirei cola na Praça da Sé, uns policiais me pegaram junto com outros moleques. Aí não sei o que aconteceu, eu comecei a chorar. Os policiais me viram chorar, me colocaram dentro de um lugar e ligaram para o meu pai — eu tinha o telefone dele num caderno. Meu pai tava demorando pra chegar, aí eles me levaram para o S.O.S. Criança. De lá ligaram pro meu pai, que chegou e me levou pra casa.

Meus pais conversaram comigo. Nem me lembro mais o que eles falaram. Aconteceu tantas vezes. Eles diziam que iam me colocar no tratamento.

Mas o meu problema mesmo era na escola. Sei lá, minha professora gostava de fazer os outros alunos rirem da cara do outro, de qualquer coisa que a gente fizesse. Aquilo me deixava com raiva. Ela tinha a mania de me xingar na frente dos outros. Tipo assim, se eu fiz uma lição errada ela gritava: 'Você é burro!'. Jogava um monte de coisas na minha cara. Eu ficava com raiva.

Um dia, ameacei ela, peguei uma arma e falei pra ela: 'A próxima vez que você me xingar, eu vou te matar com essa 38'. Aí ligaram pra polícia. Trancaram todas as portas. Mas eu já era um pouco especialista em fuga: primeiro andei a escola todinha e vi um buraco que tinha numa porta. Faltava um vidro na parte de cima. Eu passei por ali, não sei como. Tinha um muro que estava quebrado, e uma caixa de registro de luz. Eu pisei em cima, pulei o muro, pulei em cima do telhado da mulher que morava do lado da escola, e dali mesmo fui pro centro.

Peguei avenida abaixo para o Largo Dom Pedro e de lá fui para a Praça da Sé. Encontrei meus amigos de novo. A arma que eu peguei não era só minha, era de todos os moleques, mas não quero falar sobre isso.

Fugi de casa e me viciei em droga. Cheirava cola, fumava maconha. Comprava nas bocas. Eu cheirava com

Rui cheirava cola na rua

outros garotos que conheci na rua, no Largo do Paissandu, no centro da cidade. Tinha medo de que algo me acontecesse, mas a minha vontade não era de parar, não, era de continuar.

Saía pedindo dinheiro e comprava a droga. Com frio eu não ficava, não, que lá no centro tinha uma padaria, que tem um tipo de uma coisa que sai um ar quente. A gente colocava o cobertor por cima e ficava no quentinho. Às vezes ficavam 20 pessoas juntas. Tinha hora que a gente rodava por ali e ninguém conseguia se achar. Andar com os mesmos amigos sempre era difícil.

Um adulto também ficava por lá, se chegasse algum moleque mexendo com a gente, ele mandava embora. Ele já era do centro há tempo, estava ali desde garoto. Nunca teve esse negócio de chefe. Agora, se chegava um cara metido a folgado querendo ser chefe, a gente descia o porrete no cara. Esse adulto protegia a gente.

Quando cheirava a droga, minha vontade não era ver meu pai, minha mãe, eu queria ficar na rua, só cheirando. Mas quando eu estava na rua e não usava droga, começava a pensar nos meus pais e ficava triste. Mas aí era só eu conseguir dinheiro pra comprar a cola. Eu nunca tinha vontade de voltar pra casa.

Andava sempre em grupo, só não quando estava na noia. Isso acontecia muito: eu estava andando, tava na noia, todo bestão de tanto cheirar cola. Meus amigos também tinham cheirado. Tava andando sossegado, de repente eu olho pro lado, não tem ninguém do meu lado, sô! Todos se separavam, assim!... Aí passava um bom tempo. Eu andava pela rua, sozinho, apanhava dos outros moleques. No outro dia a gente já estava melhor, começava a caçar um ao outro, tinha um ponto pra se encontrar ou então no buraco, no mocó onde vendiam cola. Eu ficava ali esperando eles chegarem, aí a gente se juntava em grupo.

Eu nem ligava se estava correndo perigo, isso era o de menos. Pra mim o importante era só a cola.

Minha mãe me descobriu e arrumou um lugar pra eu fazer tratamento. Aqui pra mim é legal. Eu faço um bando de coisas, um monte de oficinas. Estou aprendendo violão. Não sou muito chegado a música, mas gosto de ver o violão tocar. Gosto de videogame.

Meu irmão mais velho também desandou. Ele conheceu uns caras, no nosso quintal mesmo. Começou a usar maconha. Aí minha mãe falou com ele, mas ele não fez tratamento, conseguiu sair da droga sozinho.

Eu estava desandado. Agora estou melhor, normal. Quando crescer, eu quero trabalhar em firma, num escritório, mexer com computadores, com papel, com cheque. Tenho aula de computador aqui, é o que eu mais gosto de fazer.

Se um menino fosse cheirar cola acho que eu falaria pra ele assim: 'Sai dessa vida', porque eu entrei nessa vida e só trouxe desgraça pra mim.

Acho que eu não tenho sonho. Eu acordo e só lembro de tudo escuro. Acho que eu não sonho, não consigo sonhar. **99**

Rui cheirava cola na rua

15. **Fatos**

Inalantes e solventes

Solventes são substâncias que evaporam muito facilmente à temperatura ambiente e por isso podem ser inalados. São encontrados em colas, tintas, *thinners*, removedores, aerossóis, vernizes, esmaltes de unha, acetona, gasolina, fluido de isqueiros etc.

Na época do carnaval, inalantes como lança-perfume e cheirinho da loló aparecem em grande quantidade. O lança-perfume é um líquido à base de cloreto de etila ou cloretila, vendido em tubos de vidro ou metal. Como tem sua fabricação proibida no Brasil, é contrabandeado de outros países da América do Sul. O cheirinho da loló — atualmente também chamado de lança-perfume — é feito à base de clorofórmio e éter.

Por serem produtos clandestinos, não se sabe que substâncias os "fabricantes" usam na mistura, o que complica quando há necessidade de atendimento médico em casos de intoxicação aguda por inalação.

QUEM INALA?

Entre as drogas experimentadas muito cedo, os solventes aparecem ao lado da maconha, logo atrás do álcool e do tabaco.

A maior parte dos que inalam pela primeira vez são crianças por volta de 11 anos, levadas por amigos.

Até 1995, os solventes eram uma das drogas preferidas por menores que moram em situação de risco nas ruas das grandes cidades, perdendo então o posto para o crack.

Em 2004, os solventes eram a droga ilícita mais consumida por estudantes de Ensino Fundamental e Médio. A maconha ocupava o segundo lugar.

ONDE CONSEGUEM OS INALANTES

Mais da metade dos usuários obtêm os solventes em suas próprias casas. Estima-se que

- 43% dos usuários de Ensino Fundamental e Médio já tinham os solventes em casa;
- 38% dos usuários de Ensino Fundamental e Médio conseguiram solventes com amigos.

Recentemente tem havido um crescimento alarmante do consumo de solventes e inalantes por adolescentes de classe média, que compram livremente essas substâncias em lojas de brinquedo, bancas de jornais, supermercados e outros.

No Brasil, os solventes são a droga ilegal de maior uso na vida. Nas 27 capitais do país, seu uso chega a 15,5 em cada 100 estudantes — taxa maior que a da Grécia (15%) e a dos Estados Unidos (12,4%) e bem superior à de países como Itália e Holanda (6%), Uruguai (1,7%) e Paraguai (0,7%).

Vale notar que os solventes também são muitas vezes inalados, involuntariamente, por trabalhadores — de indústrias de sapatos ou oficinas de pintura — que estão o dia inteiro expostos ao ar contaminado por essas substâncias.

COMO OS SOLVENTES SÃO USADOS

Geralmente, os inalantes são despejados em um saco plástico ou em um pacote de embrulho que é segurado contra a boca e nariz para que os vapores possam ser profundamente inalados. Essa atividade tende a ser feita em grupo. Para inalar mais discretamente, o solvente é colocado em um pedaço de pano ou na manga de um casaco.

Algumas vezes o usuário intensifica a experiência inalando o solvente embaixo de um cobertor ou enfiando a cabeça dentro de um saco plástico. Nessas circunstâncias, quem inala pode se sufocar ou ter uma *overdose*.

O gás de isqueiro costuma ser colocado em uma bexiga ou em um saco antes de ser inalado. Aerossóis e tinta spray costumam ser inalados diretamente. Há casos de pessoas que morreram por terem inalado gases de aerossol diretamente pela boca, provocando um bloqueio nas vias respiratórias.

SEUS EFEITOS

Os efeitos da inalação são similares aos do álcool e provocam ressaca. As substâncias químicas inaladas são rapidamente absorvidas pela corrente sanguínea, indo dos pulmões para o cérebro em questão de segundos e produzindo no usuário uma agitação eufórica com alguma confusão mental e desorientação. Alguns usuários chegam a ter alucinações visuais ou auditivas.

Os efeitos mais acentuados duram apenas alguns minutos, e são seguidos por uma sensação de relaxamento e bem-estar que dura aproximadamente meia hora. Para a sensação continuar, o usuário inala novamente. É comum que o usuário continue inalando por longos períodos, o que o faz perder a noção do tempo.

OS EFEITOS PREJUDICIAIS

Durante a "viagem", a maior parte dos usuários é consciente de que seu coração está batendo mais rápido. Aproximadamente 1 em cada 3 afirma ter dores de cabeça desagradáveis, zumbido nos ouvidos, muita salivação e náusea. Uns poucos afirmam sentir dores no peito ou no estômago. Os vapores podem causar acessos de tosse, espirros, lacrimejamento e feridas ao redor da boca e do nariz.

Quando acaba o efeito da droga, os usuários sentem-se deprimidos e apáticos, irritáveis e impacientes, com falta de apetite e padrões de sono alterados.

Quem inala pode se machucar acidentalmente se estiver em um lugar sem segurança — como no alto de um prédio, numa linha de trem, em avenidas com tráfego intenso, em locais próximos a rios ou lagos, por exemplo. Alguns inalam até ficar inconscientes e correm o risco de morte por asfixia causada pelo próprio vômito. Fortes emoções ou exercícios físicos associados ao uso de solventes podem levar a um ataque do coração, até mesmo em pessoas jovens, e são tidos como a causa de metade das mortes relacionadas ao uso de solventes.

- No Reino Unido, aproximadamente 150 jovens morrem todo ano devido à inalação de solventes. Entre pessoas com menos de 20 anos, os solventes são responsáveis por mais mortes do que qualquer outra droga. Mais de 80% das mortes relacionadas ao uso de solventes ocorrem nessa faixa etária, e 60% desses óbitos se dão entre jovens com menos de 17 anos de idade. Aproximadamente, 10% das mortes relacionadas a solventes ocorrem em crianças que inalam pela primeira vez.

No Brasil não existe essa estatística.

O uso abusivo de solventes é mais comum entre pessoas que já têm algum tipo de problema psicológico.

Usuários ocasionais e até mesmo regulares não têm sintomas de abstinência quando param, a não ser uma ressaca. No entanto, usuários em estágios muito avançados podem vir a ter problemas similares aos de pessoas dependentes de álcool — tremores, cãibras nas pernas, suores, ansiedade, agitação e insônia.

O uso intenso de solventes pode causar danos irreversíveis ao cérebro, além de lesões da medula óssea e dos nervos periféricos que controlam os nossos músculos. Tem-se observado que aerossóis e produtos de limpeza, quando usados como droga, provocam danos irreversíveis aos rins, fígado e pulmões.

A LEI

Os solventes são considerados substâncias entorpecentes quando inalados voluntariamente, e nesse caso estão sujeitos à mesma lei que a maconha, cocaína etc.

A lei considera crime fabricar, vender e fornecer essas substâncias para que sejam inaladas.

16. **Bruno pegou pesado**

Ele só não usava injetáveis. Agora tem 24 anos e há cinco não usa nada.

❝ Com 12 anos comecei a sair com amigos, a beber e a fumar cigarro comum. Não gostei quando experimentei cigarro, mas continuei fumando. Quem não fumava era muito gozado, eu não estava a fim dessa mão de obra.

Eu cometia alguns exageros com bebida, mas eles não eram frequentes. Nessa mesma época, experimentei maconha. Fiquei muito louco, ri a noite inteira. Mas, antes disso, eu cheirava cola.

A cola era a droga mais marginalizada que você possa imaginar e eu era de uma família legal. Eu comprava no sapateiro e cheirava na rua ou em casa. Uma vez minha mãe me pegou. Nossa, foi o maior bafafá! Ela ficou chocada com a cena, porque quando o cara cheira cola ele fica fora da situação, do raciocínio. Nem vi minha mãe. Só percebi que tinham aberto a porta. Sei que ela foi pra cozinha chorando. Depois dei uma desculpa ridícula, mas continuei cheirando umas três vezes por semana. Ninguém percebia. Na escola, eu ia relativamente bem, só mais tarde é que acabei sendo expulso — não por causa de drogas. Eu era indisciplinado. Mudei várias vezes de escola.

Aos 16 anos, passei a fumar maconha, me sentia bem, leve, ria, achava que estava me tornando uma pessoa mais divertida. Sempre tive dificuldade de relacionamento, era muito tímido e a maconha me desinibia.

Acabei me afastando dos amigos que não fumavam porque eles não falavam mais a mesma linguagem que eu. Até nosso horário era diferente: se eles chegavam em casa à 1 hora da manhã, eu chegava às 6. Pra eles era legal pensar no vestibular, eu não tava nem aí pra faculdade. Eu estava curtindo muito e achava que eles estavam por fora.

Eu fumava, misturava com álcool e putz!, só besteira, de passar mal! Se um cara dava um esbarrão em mim sem querer, já começava briga. Um monte de mal-entendido. No outro dia eu ficava sabendo o que havia feito e tinha vergonha.

Fui pego várias vezes portando maconha, mas nunca fui preso. Uma vez, eu e meus amigos fumando um, a polícia nos parou. Eu comi o baseado. Os caras perguntaram quem tinha vendido, fizeram uma geral e acabou. Outra vez, a polícia me pegou com o troço na rua. Chamaram meus pais. Eu falei que não era meu e, aparentemente, meus pais acreditaram. Depois disso eu fiquei um mês andando pianinho.

O grande barato da minha vida era fumar maconha de manhã, à tarde e à noite. Também tive experiências espaçadas com cocaína.

Meu pai me dava dinheiro por semana, e sempre mais quando eu falava que ia sair com menina. Mentia, claro. Aos 16 anos comecei a usar cocaína e o dinheiro ficou curto. Cocaína é muito caro. E quando você não tem, é o desespero. Passei a vender e a trocar minhas roupas por droga. Depois passei a roubar: liquidificador, joias e tudo o que estava escondido em casa. Por fim, meus pais fecharam o cerco e eu comecei a roubar fora de casa.

Passei dois anos cheirando cocaína. Uma vez, quando fui comprar, o cara falou: 'Acabou, só tem pedra. Leva aí, meu, te dou até uns a mais'. Gostei. Teve uma hora que eu só queria fumar. Eu acordava meio-dia, comia, às vezes não dava pra comer porque me sentia mal. Às 3 ou 4 horas, roubava alguém. Umas 5, 6 horas já estava na boca pra comprar. Passei oito meses assim.

Eu não sou um cara de natureza agressiva, não sei brigar e pra roubar era muito ruim. Então eu roubava sempre de bêbados e velhinhos. Claro que para as pessoas do meu convívio eu falava que tinha assaltado um banco, mas na verdade era só isso daí.

Num banco, eu marcava as velhinhas que estavam recebendo aposentadoria. As que pegavam um caminho menos movimentado, eu roubava. Teve uma época que eu andei armado. Remorso? Culpa? Eu não sentia nada. Fumava, fumava, fumava.

Minha vida ficou resumida a isso: roubava a torto e a direito, dívidas e acertos com traficantes. Eu comprava numa boca muito grande. Vi um rapaz ser assassinado por causa de uma dívida. Morreu do meu lado, 14 tiros.

Com a polícia era porrada. Nessa época, eu não tinha mais a imagem do cara filho de classe média que usa droga de vez em quando. Tinha a imagem do cara que usa crack. Nesse tipo, a polícia adora bater. Não fiquei com a ficha suja porque era menor e sempre fiz acerto com a polícia. Tive sorte de nunca me pegarem armado.

Minha família, desespero total. Meu pai tinha um amigo que frequentava o N.A., o Narcóticos Anônimos. Comecei a ir às reuniões com esse cara. Eu gostei. Ficava 15 dias sem usar nada e recaía, mais 15 dias e recaía. Meus pais também começaram a frequentar um grupo de ajuda para a família, o Amor Exigente. Puseram horário pra eu voltar pra casa. Falaram que eu tinha que trabalhar. Ditaram um monte de normas.

Numa dessas minhas recaídas, minha mãe me chamou: 'Ou você para de usar, ou sai de casa. Já arrumei suas malas. Ou você vai se tratar numa fazenda ou vai embora'.

Eu decidi ir para a fazenda. Pensei que fosse uma clínica, mas era uma comunidade terapêutica, não fazia uso de medicação nenhuma. Eu fui aprendendo que, para me livrar das drogas, eu não podia mais beber, para não desencadear a bola de neve. Abandonei meus amigos — essa é uma parte difícil, dolorosa —, mas pra quem quer parar é isso mesmo. Namoradas eu não tinha mesmo. As meninas não conseguiam ficar comigo e nem eu com elas: tinha problemas de toda ordem, de impotência, de não conseguir conversar.

Dos 18 aos 19 anos foi algo muito triste, a dor de se sentir só. Tive problemas no pulmão, parada respiratória. Fui parar no hospital. Passei muito mal, perdi muito peso. Até hoje tenho problema no coração, enfraquecimento dos músculos, por causa do uso de drogas.

Faz cinco anos que eu parei de usar e me orgulho muito disso. É uma vitória. Quando eu saí da fazenda, continuei frequentando os Narcóticos Anônimos, que para mim é imprescindível.

De 100 dependentes, apenas 7 conseguem parar. Eu sou um desses 7%. Várias pessoas que terminaram o tratamento comigo e estavam bem — pessoas que eu conheci na sobriedade, com quem joguei bola, me diverti e briguei, com quem fiz orações, terapia de grupo — voltaram a usar e morreram de *overdose*, em acidentes de carro, ou foram mortos por traficantes ou pela polícia. A minha turma na fazenda era de 32 pessoas, só cinco estão indo bem.

Mais ou menos 5% da população mundial é dependente de drogas. A dependência é uma doença. Então, pra quem tá começando a usar: se segura, não paga pra ver. Porque se você for um dependente, vai conhecer o horror de estar só e só mesmo. É uma dor tão grande. Não dá pra explicar. **"**

17. **Fabiana, mãe de Bruno**

 Ela tem 48 anos
e é professora aposentada.

" Não é que eu nunca percebi, é que é uma coisa tão difícil de admitir, que você faz de conta que não existe. É um atestado de que você não é boa mãe, pelo menos eu pensava assim: 'Onde foi que eu falhei? Por que comigo?'.

Nunca usei droga. Na minha adolescência nem sabia o que era. Ouvia falar, mas era uma coisa distante, usada por gente de classe mais baixa, que mora na periferia. Mesmo quando dava aula, ouvia falar de drogas, mas não conhecia.

De bebida, eu quero distância. Meu pai é alcoólatra e até hoje não admite. Quando ele bebe fica violento, briga, faz escândalos. Sou a filha mais velha, e sempre procurei ajudar minha mãe. Ao mesmo tempo, tenho pena e raiva do meu pai por ele fazer tudo isso, e eu não saber o que fazer. Peguei um tipo de aversão pelo álcool.

Imagine se meus pais falavam comigo sobre drogas, de jeito nenhum! Eu também não conversava com meus filhos sobre isso porque achava que era fora da nossa realidade. Depois eu via que realmente o problema existia, mas achava que dentro da minha casa não.

Comecei a desconfiar de alguns amigos do meu filho.

Eles tinham comportamentos estranhos, maneiras de se portar, de se vestir e, é lógico, passei a desconfiar do Bruno também. Mas daí a ter certeza de que o problema existia, foi um bom tempo.

A primeira vez que meu marido foi chamado na delegacia, senti raiva do Bruno e, ao mesmo tempo, queria protegê-lo. Depois pensava: 'Ah, deve ser o pessoal com quem ele está andando'. Arranjava uma série de desculpas e justificativas para o fato de ele estar usando drogas: 'Ah, vai ver que a polícia exagerou, não era tanto assim'. Ou então: 'Ah, é essa fase de adolescência conturbada, ele deve estar só experimentando, mas isso vai passar'. Na verdade, nunca imaginei que a coisa fosse tomar o rumo que tomou.

Ele desaparecia durante dias, voltava num estado difícil de acreditar. Roubava coisas dentro de casa, as joias que eu tinha foram todas. Outras vezes ele se envolveu com polícia. Sumiu. Só fomos saber dele no Pronto Socorro com o nariz quebrado.

Foi muito difícil. Eu me sentia culpada e ficava amarrada. Não sabia o que fazer, que atitude tomar. Procuramos ajuda: psicólogo, aconselhamento, uma série de coisas que não deram em nada. Só quando fomos para o Amor Exigente e o Narcóticos Anônimos passamos a ver como o nosso comportamento era facilitador. Percebemos que também éramos pessoas doentes, complicadas e que não podíamos resolver tudo.

Começamos a colocar limites: o Bruno perdeu a chave de casa, estabelecemos horários para ele voltar.

Fabiana, mãe de Bruno

Algumas vezes ele respeitou, a maioria não. Então ele dormia fora de casa, no capacho, na escadaria, na sala de recepção do prédio, porque não abríamos a porta. Era muito difícil, eu não dormia, ficava com o coração na mão. Aquelas noites de frio! 'Meu Deus, onde ele está? O que estará fazendo?'

Mas eu tinha certeza de que se não agisse assim, nada iria mudar. Nós não tínhamos mais vida. Era tudo em função dele e nunca sabíamos onde ele estava, quanto tempo ia ficar fora, se ia voltar, como ia voltar. Hoje eu falo com certa tranquilidade porque já passei por isso, mas no momento é tudo muito difícil.

Nesses cinco anos eu trabalhei meus ressentimentos. Não tenho mais aquela mágoa, aquela raiva que me acompanhava por tudo que meu filho fazia, mas, por outro lado, eu não posso esquecer, porque se eu esquecer, vou ser fisgada pelo bichinho do 'Já estou bom' e, na verdade, a gente nunca está totalmente bom, tem sempre que continuar trabalhando.

Tivemos vários casos de filhos de amigos nossos que morreram de *overdose*. Meu marido esteve domingo agora no enterro de um deles. Esse morreu assassinado. Então é uma escolha deles.

Hoje eu entendo que foi uma escolha do meu filho, como é a escolha de qualquer pessoa, continuar ou não nessa vida. Mas, frequentando esses dois grupos, fico mais tranquila porque eu estou fazendo a minha parte. A parte dele só ele pode fazer, eu não posso fazer por ele. **"**

18. Fatos

Álcool

O álcool é a droga mais usada entre jovens maiores e menores de idade:

- é uma droga depressiva que diminui a atividade do cérebro;
- inicialmente pode provocar euforia, desinibição no agir e no falar;
- depois provoca falta de coordenação motora, afeta os reflexos, causa desconforto e sono;
- os efeitos variam de intensidade de acordo com as características de cada pessoa;
- após ser ingerido, o álcool leva no máximo cinco minutos para atingir o cérebro;
- bebidas efervescentes aumentam a velocidade de absorção do álcool;
- afeta nosso senso de certo ou errado antes de afetar nossa coordenação;
- é a droga mais consumida entre estudantes de Ensino Fundamental e Médio, e está muito à frente do segundo colocado, o tabaco;
- seu uso frequente (mais de seis vezes ao mês) vem aumentando entre estudantes menores de idade, nas maiores capitais brasileiras;

- é um engano achar que por ser legalizado o álcool não é tão problemático e prejudicial quanto as drogas ilegais;

- segundo dados da Associação Brasileira dos Departamentos Estaduais de Trânsito (ABDETRAN), em 1997, mais de 60% das vítimas de acidentes de trânsito em Salvador, Recife, Brasília e Curitiba estavam alcoolizadas;

- o álcool é a droga cujo uso está mais associado a acidentes fatais, como a morte por colisão de veículos;

- é a droga cujo uso está mais associado a comportamentos violentos como agressão, abuso sexual, estupro, assaltos etc.;

- aparece em cerca de 70% dos laudos cadavéricos das mortes violentas;

- é responsável por 90% das internações hospitalares por dependência;

- os limites de segurança na ingestão de álcool no caso de jovens não foram determinados, mas são inferiores aos dos adultos;

- pessoas que bebem muito à noite podem ainda se sentir tontas na manhã seguinte;

- a sociedade brasileira é tolerante com o álcool e seu consumo é aceito e incentivado por intensa propaganda;

- no Brasil, a dependência do álcool atinge 11% dos habitantes das cidades com mais de 200 mil habitantes — vale dizer, uma população de cerca de 5.283.000 dependentes;

- pessoas que se habituam ao álcool cedo em suas vidas são mais propensas ao uso de drogas ilegais. Isso não quer dizer que uma coisa leva à outra, mas que o tipo de personalidade que aprecia os efeitos do álcool pode apreciar os efeitos de outras drogas;

- a maioria das pessoas que consomem bebidas alcoólicas não se torna dependente do álcool, o que é válido também para as demais drogas.

COMO REDUZIR OS RISCOS
- coma antes de beber; isso diminui a velocidade de absorção do álcool;
- quando estiver tomando alguma bebida alcoólica, beba sempre muita água;
- não misture tipos diferentes de bebida;
- se beber, não dirija.

A LEI
No Brasil, é proibida a venda de bebida alcoólica a menores de 18 anos. De modo geral, essa lei não vem sendo respeitada.

Segundo o Código Nacional de Trânsito, todo motorista que apresentar mais de 0,6 g de álcool por litro de sangue — o que equivale a beber duas latas de cerveja, ou três copos de chope, ou duas taças de vinho, ou duas doses de destilados (pinga, uísque, vodca etc.) — está sujeito a pena de detenção de 3 a 6 meses.

Em caso de acidente com vítima causado por motorista alcoolizado, este passa a responder por crime de lesão corporal culposa ou homicídio culposo, se houver vítima fatal.

SE PRECISAR, LIGUE PARA:
- Programa de Orientação e Atendimento a Dependentes — PROAD: (11) 5579-1543
- Grupo Interdisciplinar de Estudos de Álcool e Entorpecentes — GREA: (11) 3069-7891
- Núcleo de Estudos e Pesquisas em Atenção ao Uso de Drogas — NEPAD: (21) 2589-3269
- Alcoólicos Anônimos — AA: (11) 3315-9333 / (21) 2425-3576 / (51) 3311-0104 / 3311-6262 / (61) 226-0091 / (71) 322-2963

19. **Solange tomou *ecstasy* numa *rave***

Ela tem 18 anos e está na faculdade de Arquitetura. Sua mãe trabalha com marketing. O pai era psiquiatra, mas faleceu há dez anos.

" Minha mãe não bebe, não fuma cigarro comum, nem maconha. Meu pai bebia, mas não muito.

Eu não fumo tabaco e bebo muito pouco. Experimentei maconha com 17 anos. Uma amiga minha fumava e me deu vontade de experimentar. Gostei. Mas depois comecei a achar que não combinava comigo. Por isso fumo muito raramente, só quando estou junto com uns amigos que eu gosto.

Nunca compro maconha. Não tenho nenhuma vontade de ter em casa e fazer um pra mim. Quando alguém tem, eu fumo. Nunca experimentei cocaína, mas já tomei ácido e *ecstasy*.

Tomei ácido numa festa de Ano Novo. Foi só um quarto de ácido, e não aconteceu nada demais. Fiquei na minha, andando na praia sozinha, estava superbem.

Este ano fui com uma amiga numa *rave*, num sítio aqui perto de São Paulo. 'Vamos fazer alguma coisa' — ela falou — 'essa *rave* vai ser muito boa, vai ter várias luzes'. Um amigo nosso tinha chegado de Amsterdã e trouxe uns *ecstasy*s pra vender. Eu não tinha tanta certeza se queria.

Eram quase 2 horas da manhã quando minha amiga falou: 'Comprei dois *ecstasys*, um pra mim e outro pra você. Toma, vai'. Eu tomei rápido, mas estava com um pouco de medo. Sei que não se deve beber álcool quando se toma *ecstasy* porque você desidrata e pode passar muito mal. Eu estava meio preocupada com isso. Eu nem bebo, mas estava preocupada.

Um amigo meu, mais velho — ele tem tomado *ecstasy* há um ano, com frequência —, falou que segurava a minha onda, que ia ficar comigo: 'Só fica tranquila', e me deu água o tempo todo.

De repente, estava tudo bem, normal. Eu estava dançando e comecei a sentir uma tonturinha, meu corpo foi ficando diferente, passei a ver como se tudo estivesse acontecendo mais rápido. Sabe quando você aperta a tecla do vídeo pra acelerar? Era como se tudo estivesse daquele jeito. A festa rolava, havia mais de 3 mil pessoas espalhadas por ali, e todo mundo sorria, era maravilhoso. Cores nítidas, brilhantes. Todos estavam felizes. Meu corpo vibrava com a batida eletrônica.

Entrei na onda da música. O DJ comandava o ritmo e os movimentos de todos nós. Uma harmonia profunda. O mais forte foi a sensação de dançar junto com várias pessoas. A gente fica extremamente sensível, qualquer toque sente muito fácil, o prazer é multiplicado. Dançar perto de alguém é muito bom. Cinco amigos tinham tomado *E*. O dia amanheceu e a gente não queria parar de dançar, não tinha fome, não sentia cansaço.

Até quero tomar de novo, mas tem que ser uma

Solange tomou ecstasy numa *rave*

ocasião muito especial. Fico com um pouco de medo de passar mal, sei lá, mesmo que seja daqui a dez anos. Você toma uma coisa agora, num fim de semana, tá tudo lindo, mas fica dentro de você uma química que não se sabe o que vai causar. Eu fico meio assim.

Também, um dia depois dessa *rave*, fiquei triste. Parecia tudo estranho, eu me senti muito mal. Meu amigo — o que cuidou de mim — disse que também fica deprimido quando o efeito passa. 'O mundo deixa de ser maravilhoso, deixa de valer a pena', ele me disse. Tenho medo de que ele não consiga mais se divertir sem tomar nada. Eu não quero isso pra mim.

As pessoas falam que usam droga porque ela 'abre a mente'. Eu acho isso meio delicado, porque, no fundo, é como se você quisesse atingir um outro estágio que não seja o seu mesmo. Só que, quando você usa, descobre que não te leva a outro estágio. E, se aquilo te altera, então não é você mesmo. Acho que tem um problema de entendimento quando falam que 'abre a mente'. Sei lá, eu não vejo assim.

A maconha me deixa meio sem controle. Eu não gosto. Você começa a pensar e não consegue controlar. Com o *ecstasy* você sabe muito bem o que diz, o que vai fazer, só que fica assim, numa aceleração. É um tipo de descontrole também, mas não é tanto da mente.

Sempre tem uma certa pressão dos amigos: 'Ah, você não vai fumar? Por que não?'. Se você diz que não está com vontade, 'Ah, dá só um pega, não sei o quê', e você: 'Tá bom', porque fumar com as pessoas é um costume.

Se você sai disso, tem de cortar absolutamente, se afastar das pessoas, e nem chegar próximo daquilo. Não dá pra você ficar no 'Ah, não sei'. Isso não existe.

A maconha é muito próxima. Tem em todos os lugares. Por exemplo, eu acabei de entrar na faculdade. Lá você conhece pessoas de lugares diferentes, que não cresceram junto, que não estudaram junto, nada. A maioria fuma maconha e trata como se fosse uma coisa normal, que tudo bem. Mas, ao mesmo tempo, é uma coisa proibida, ilegal.

Quando você vê uma menina de 17 anos sentada num bar bebendo até às 5 da manhã, e outra que está na casa de uma amiga fumando maconha, as duas estão fazendo praticamente a mesma coisa. E por que uma pode ser presa e a outra não? Eu acho que é uma diferença meio absurda. Se o álcool é legalizado, a maconha devia ser também. As pessoas deviam poder comprar um maço de maconha, da mesma maneira que compram um copo de pinga.

Eu já morei nos Estados Unidos, onde os menores de 21 anos não podem beber, mas lá também é complicado. Com essa coisa de não poder beber, chega no fim de semana, um amigo consegue comprar uma garrafa, e eles bebem até passar mal.

Bebida, pra mim, é mais complicado do que um baseado. Mas um dia eu não vou fumar mais maconha. Não me agrada muito. Acho que eu vou perder o interesse. **"**

Solange tomou ecstasy numa rave

20. **Fatos**

Ecstasy

O *ecstasy* é uma "anfetamina alucinógena" derivada, o que significa que afeta a mente e, ao mesmo tempo, acelera o organismo. Na Europa, transformou-se na droga do culto à dança, e estima-se em mais de 500 mil o número de usuários frequentes só na Inglaterra. Em Nova York, de cada mil adolescentes, 250 já experimentaram a droga.

Têm sido noticiadas diversas mortes de jovens relacionadas ao uso do *ecstasy*. No entanto, a causa exata das mortes continua, na maioria dos casos, indefinida — ainda assim esses perigos devem, incontestavelmente, ser levados em conta.

SEUS NOMES

O *ecstasy* ou *extasy* também é conhecido como MDMA, *Es*, *E*, *X*, Pílula do Amor, Love, Essence, Eva, Adam, entre outros nomes.

SUA HISTÓRIA

A substância ativa metilenodioxometanfetamina (na forma abreviada, MDMA), presente no *ecstasy*, foi sintetizada em 1912, na Alemanha, e patenteada em 1914. Espalhou-se pela Europa na década de 1960, a partir de Londres, chegando aos EUA e, mais tarde, ao Brasil.

Nos EUA, durante a década de 1970, podia ser comprada legalmente para uso recreativo. Na década seguinte, psiquiatras norte-americanos estavam usando a substância com sucesso no auxílio ao tratamento de casos individuais, de casais e em psicoterapia de grupo. Foi também considerada útil no tratamento de abuso de drogas e álcool. Tornou-se ilegal no Reino Unido em 1976, mas continuou legal nos EUA até 1985 e, na Suíça, até 1993.

A primeira quantidade significativa de comprimidos de *ecstasy* teria entrado no Brasil em 1994, sendo consumida pelos *clubbers* na cena *underground* da noite paulista. Até 1999, seu uso era esporádico. No ano 2000, o consumo ultrapassou as fronteiras do ambiente *techno* dos *clubbers*, mas continuou restrito a um círculo de jovens de classe média alta, com idade entre 20 e 30 anos. Os "passadores" também pertencem à classe média alta e vendem para amigos e conhecidos.

Em 2000, a Polícia Federal apreendeu 170 mil comprimidos no Aeroporto de Cumbica, em São Paulo, e o Departamento de Narcóticos da Polícia Civil de São Paulo (Denarc) encontrou as primeiras fábricas de *ecstasy* no Brasil, com capacidade para produção de mais de 300 mil drágeas.

O QUE SE ENCONTRA POR AÍ

Apenas metade das drogas vendidas como sendo *ecstasy* são autênticas; a outra metade é "malhada". As misturas variam, indo desde um pouco de *Es* misturado a outras substâncias, como cafeína ou anfetamina, até pastilhas vermífugas para cachorro, aspirina ou purificadores de caixa-d'água. Na verdade, o usuário nunca sabe ao certo o que está tomando. As substâncias misturadas ao *Es* que mais preocupam são os sedativos (calmantes) e anestésicos.

SUAS FORMAS

O *ecstasy* é vendido em comprimidos e cápsulas de vários formatos, cores e tamanhos. No Brasil é geralmente contrabandeado da Espanha, Holanda e Inglaterra e chega disfarçado em vidros de vitamina. A quantidade normal de MDMA encontrada em cada dose varia de 75 a 200 mg.

O *ecstasy* é geralmente tomado por via oral, mas pode ser encontrado também na forma de pó ou líquido, para ser cheirado ou até mesmo injetado. A maioria dos usuários são frequentadores de casas noturnas ou de festas *rave*, ou adeptos da Nova Era em busca de *iluminação*. No entanto, está sendo cada vez mais usado por parceiros sexuais e grupos de jovens que o consomem da mesma maneira que seus pais tomam alguns drinques. Os efeitos similares aos da anfetamina fazem ainda com que algumas pessoas usem *ecstasy* como um auxiliar nos tratamentos de emagrecimento.

SEUS EFEITOS

Os efeitos de uma dose tomada via oral aparecem em 30 minutos, atingem o ápice entre 60-90 minutos e podem durar várias horas. A frequência cardíaca e pressão arterial sobem. Os músculos da mandíbula enrijecem, e os usuários começam a ranger os dentes e lamber os lábios.

Segue-se "uma sensação repentina similar a um orgasmo que começa nos dedos dos pés e sobe passando por todo o corpo". Há uma sensação de proximidade e empatia pelas outras pessoas. Embora os relatos afirmem que o *ecstasy* intensifica a experiência sexual, em alguns casos pode causar impotência ou retardar o orgasmo em ambos os sexos.

Tomada em grandes quantidades, a droga pode causar ansiedade, confusão, e até mesmo paranoia.

OS EFEITOS PREJUDICIAIS

Se o *ecstasy* fosse um medicamento legalizado, uma pessoa seria aconselhada a não tomar mais de 1,5 mg por quilo de seu peso total, e com uma frequência de, no máximo, uma vez a cada seis semanas. Embora não existam evidências concretas, é provável que haja um risco real de os usuários desenvolverem algum tipo de doença mental resultante do uso persistente da droga.

Os efeitos colaterais indesejáveis incluem falta de coordenação motora, baixa concentração, desorientação e, eventualmente, náuseas e vômitos. O uso frequente pode causar problemas relacionados ao sono e apatia ao final do efeito da droga. Lesões de fígado já foram relatadas. Fora isso, a combinação de *ecstasy* com outras drogas, legais ou não, pode ser fatal.

Há o sério risco de desidratação após dançar por horas seguidas em lugares lotados. Para algumas pessoas, a própria droga causa uma elevação na temperatura do corpo, podendo ocasionar derrame, coma ou morte. Por isso, caso você venha a tomar *ecstasy* e depois comece a dançar, é muito importante beber água. Por outro lado, tomar água em excesso pode causar perda de sal no organismo, e o *ecstasy* pode intensificar esse efeito: pelo menos uma morte recente foi atribuída a isso.

Há casos de jovens que chegam ao hospital com taquicardia e o estômago cheio de tanto beber água. Uma vez que se tenha tomado *ecstasy*, deve-se beber sempre em pequenos goles e nunca engolir muita água de uma vez. Além disso, é bom incluir bebidas isotônicas e salgadinhos.

Ecstasy não causa dependência física, mas age como uma droga estimulante, sendo particularmente perigoso para quem sofre do coração, de diabetes, asma ou epilepsia.

A LEI

No Brasil, a posse de *ecstasy* é ilegal. Fornecer a alguém, vender ou doar a amigos pode levar à prisão por até 15 anos.

21. Davi já frequentou a União do Vegetal

 Ele tem 26 anos e é psicólogo.

" Eu tinha uma vida muito irregular, era uma pessoa cheia de ansiedade, mas sempre fui um curioso pelas coisas da natureza. Usava de tudo pra saber como era. Tomava chá de cogumelo, de lírio, muito ácido, muita maconha, experimentava qualquer substância psicoativa, sempre procurando outros pontos de vista, outra percepção das coisas, sempre com um sentido de pesquisa, mas de uma forma desorganizada.

Acabei perdendo o rumo de minha vida. Parei de estudar, de trabalhar, vivia só para as experiências com as drogas. Por isso, quando entrei para a União do Vegetal foi muito bom. Aprendi a não usar drogas como um processo de autodestruição.

Nos encontros na União do Vegetal, os participantes tomam a Ayahuasca, uma substância psicoativa que ajuda na meditação, no autoconhecimento, no desenvolvimento da memória e da percepção.

Passei a ter uma vida mais calma e deixei de usar tudo o mais. Só nos rituais da União do Vegetal, orientado pelo mestre, eu tomava a bebida do conhecimento.

A experiência com a Ayahuasca é única, o que acontece comigo ou com qualquer outra pessoa depende de como você estiver no dia. O que a gente sente é muito pessoal. Tudo, qualquer coisa, pode ser visto sob ângulos nunca percebidos. É muito difícil descrever o que acontecia internamente quando eu tomava Ayahuasca. Como descrever o cheiro de uma flor ou o gosto de uma fruta?

Às vezes, eu olhava para um pano da minha roupa, que já estava velha de tanto usar, mas parecia que eu o via pela primeira vez. Descobria tudo sobre ele: a cor, a textura, a trama do tecido, tudo. Era como se eu fosse até os átomos do tecido.

A presença do mestre é muito importante durante os rituais na União do Vegetal. Às vezes, a experiência com a substância psicoativa vai por caminhos tortuosos e você pode ter experiências assustadoras que, sem a presença do mestre, seria quase impossível compreender e vivenciar.

O mestre orienta a nossa experiência na procura do autoconhecimento e da meditação.

Há mais de um ano deixei de frequentar a União do Vegetal. Mas a experiência marcou para sempre a minha vida. Agora sou uma pessoa mais concentrada. Vou fundo em tudo o que faço. **"**

Davi já frequentou a União do Vegetal

22. Fatos

Psicodélicos e alucinógenos

"Num estado parecido com o dos sonhos, com os olhos fechados, eu podia perceber uma sequência ininterrupta de imagens, formas extraordinárias compondo um intenso jogo caleidoscópio de cores."
Albert Hoffman, descobridor do LSD

LSD, COGUMELOS, CIPÓ DE CAAPI, CHACRONA, DATURA, JUREMA E PEIOTE

Drogas psicodélicas (do grego *psico*, que significa "mente", e *delos*, "expansão") ou alucinógenas (aquelas que "geram" alucinações) alteram o funcionamento do cérebro, levando a pessoa a sentir, ver e ouvir coisas que não existem. Algumas dessas drogas são encontradas na natureza e outras são sintetizadas em laboratórios.

No Brasil, existem muitas plantas alucinógenas como cogumelos, cipó de caapi, chacrona, jurema e outras.

SUA HISTÓRIA

Sementes de cactos altamente tóxicas, cogumelos com a substância ativa psilocibina, e a mescalina contida nas extremidades do cacto chamado Peiote, além de várias bebidas de efeitos alucinógenos, eram empregados em rituais no continente americano milhares de anos antes do nascimento de Cristo.

No entanto, a história da difusão das drogas psicodélicas no

Ocidente iria se transformar radicalmente em 1943, quando Albert Hoffman, um cientista suíço, ingeriu acidentalmente pequena quantidade de uma substância química que estava pesquisando como possível estimulante para o coração.

Sentindo-se estranho após tomar a substância, a que dera o nome de dietilamina do ácido lisérgico-25 (LSD), Hoffman continuou investigando e tomou o que considerava ser uma dose muito pequena: 250 microgramas. Como qualquer quantidade de LSD acima de 50 microgramas já tem efeito alucinógeno, a "viagem" de Hoffman foi poderosa.

Logo a CIA, Agência Central de Inteligência norte-americana, manifestou grande interesse pela droga, usando-a em interrogatórios e na recuperação de pessoas que haviam sofrido lavagem cerebral. Muitos funcionários das forças armadas, prisioneiros, crianças autistas e pacientes psiquiátricos tomaram LSD sem saber o que estavam tomando e sem dar seu consentimento — resultando em pelo menos uma morte. Um homem se jogou pela janela ainda sob o efeito de um prolongado estado psicótico uma semana após ter ingerido a droga.

Nas décadas de 1950 e 60, escritores como Aldous Huxley, Ken Kesey, Allen Ginsberg, William Burroughs e muitos outros se transformaram em usuários regulares dos alucinógenos, assim como músicos de jazz como Thelonious Monk, Dizzy Gillespie e John Coltrane. Em 1960, um professor de Harvard, Timothy Leary, fez uso do cogumelo e "foi arrastado para os limites de um redemoinho de visões transcendentais e alucinações". Sua frase, "turn on, tune in, drop out" (ligue-se, afine-se e caia fora), transformou-se no lema da geração dos anos 60.

LSD – DIETILAMINA DO ÁCIDO LISÉRGICO

O LSD — também conhecido como ácido lisérgico, ácido, doce ou docinho — é um pó branco, sem gosto, que se dissolve facilmente na água. É geralmente vendido em pequenos quadrados de papel mata-borrão ou cartões, que são dissolvidos na boca. Esses quadrados trazem com frequência desenhos abstratos, cheios de cores, ou figuras de personagens de desenhos animados conhecidos, que acabam funcionando como marcas registradas.

O LSD é extremamente potente. Costuma ser fabricado fora do Brasil e contrabandeado para o nosso país. Como acontece com toda droga ilegal, o usuário nunca sabe a quantidade exata de LSD que está comprando.

SEUS EFEITOS

Os efeitos começam mais ou menos 20 minutos após a ingestão, chegam ao seu ápice em 2 ou 3 horas, e podem durar 8 horas ou mais. Alguns usuários costumam relatar experiências consideradas "místicas", como ter a sensação de estar "fora do corpo", e uma percepção aguçada das cores, de auras e figuras caleidoscópicas que aparecem e desaparecem. A visão, a audição e o tato são distorcidos, mas os usuários permanecem conscientes de que estão sob o efeito da droga.

Não há casos de morte por *overdose* de LSD, mas acidentes fatais acontecem sob sua influência. Depressão prolongada ou psicose geralmente só acontecem quando há histórico de doenças mentais ou problemas de personalidade. A dependência psicológica é muito rara. A sensibilidade em relação à droga decresce rapidamente, mas retorna quando se deixa de tomar por um tempo.

OS EFEITOS PREJUDICIAIS

Uma *bad trip* pode causar ansiedade, medo e alucinações extremamente desagradáveis, sobretudo quando o usuário está deprimido. Seus efeitos secundários podem durar 12 ou até mesmo 24 horas. A droga interfere na capacidade de discernimento e na concentração, o que já provocou acidentes fatais. Caso a pessoa sofra de algum distúrbio psiquiátrico, os efeitos podem ser devastadores. Em alguns casos, o ácido lisérgico já levou ao suicídio.

Pessoas que fazem uso do LSD com frequência costumam ter sempre alguém de confiança por perto, durante uma "viagem", para evitar possíveis crises de pânico ou paranoia.

A LEI

A produção, comércio e uso do LSD são totalmente proibidos no território nacional. Alguém de posse de LSD pode ser condenado a até 15 anos de prisão, se for comprovado o tráfico.

COGUMELOS

Do "cogumelo sagrado", cujo nome científico é *Psilocybe mexicana*, usado em algumas regiões do México há milhares de anos, pode ser extraído um poderoso alucinógeno: a psilocibina.

No Brasil, há pelo menos duas espécies de cogumelos alucinógenos. Um deles é conhecido cientificamente por *Psilocybe cubensis* e o outro é uma espécie do gênero *Paneoulus*.

Os usuários costumam chamar a droga de chá, cogu, chapeleta, cogumelo mágico, cogumelo sagrado.

SEUS EFEITOS

Os cogumelos alucinógenos, usados ritualmente há milhares de anos entre povos antigos, foram adotados no Ocidente na década de 1960 como uma alternativa natural ao LSD.

É muito difícil distinguir um cogumelo alucinógeno não venenoso de outro puramente venenoso. Portanto, sempre há risco de envenenamento. Além disso, mesmo o cogumelo alucinógeno pode provocar dores de estômago e náuseas, além de alucinações.

O poder alucinógeno depende da quantidade ingerida. Os cogumelos podem ser comidos crus, cozidos ou fervidos em chá ou infusão. Os efeitos de uma "viagem" de cogumelo são similares aos do ácido lisérgico.

CIPÓ DE CAAPI E CHACRONA

O cipó de Caapi — também chamado Mariri — e a Chacrona são plantas da Amazônia que dão origem a bebidas alucinógenas utilizadas por várias seitas religiosas.

No Peru, a bebida feita com essas plantas é chamada pelos índios quechuas de Ayahuasca, que quer dizer "vinho da vida".

No Brasil, também é conhecida como Ayahuasca, Hoasca (pronuncia-se Roasca), Oaska ou Oasca. Há pequenas variações nas receitas, e a bebida é distribuída em rituais do Santo Daime, que se difundiu na década de 1930, a partir do Acre; pela União do Vegetal, a partir de 1942; e por alguns centros espíritas não filiados à Federação Espírita Brasileira.

SEUS EFEITOS

Os seguidores da União do Vegetal costumam dizer que a Ayahuasca é uma substância psicoativa que promove benefícios físicos, mentais e espirituais, e que até pessoas dependentes de tabaco, álcool e outras drogas deixam de usá-las depois que passam a frequentar as cerimônias.

Durante o ritual, os participantes contam com o acompanhamento de um mestre que procura conduzir os efeitos produzidos pela bebida.

Sob o efeito da Ayahuasca — conhecido como "burracheira", que quer dizer "força estranha" — os discípulos "recebem ensinamentos sobre a própria existência". A bebida produz alucinações, chamadas "mirações".

A duração da burracheira varia muito e nem sempre a experiência é fácil, podendo acontecer uma "má viagem", devido à intensidade das "revelações" provocadas pela bebida.

Além das alucinações, o uso de Ayahuasca pode causar taquicardia, náuseas e vômitos. Não se conhecem casos de dependência.

A LEI

Em 1986, a Ayahuasca foi liberada oficialmente para utilização em rituais religiosos. Na União do Vegetal é tomada duas vezes ao mês, num ritual de meditação bastante difundido em vários estados do Brasil.

DATURA

Popularmente conhecida como trombeta, lírio, cartucho, saia-branca e zabumba, a planta *Datura arborea* possui duas substâncias que produzem delírios e alucinações: a atropina e a escopolamina.

Essas substâncias são chamadas anticolinérgicas, pois inibem a transmissão dos impulsos dos neurônios para as células musculares. Também são sintetizadas em laboratórios e usadas em medicamentos para o tratamento da Doença de Parkinson, vendidos sob controle médico. Um desses medicamentos, o Artane, aparece como a terceira droga mais usada por crianças e jovens em situação de risco nas ruas do Nordeste brasileiro, depois dos inalantes e da maconha.

Os efeitos alucinógenos podem durar até dois ou três dias, acompanhados de dilatação das pupilas, boca seca, coração disparado, prisão de ventre e retenção da urina. Doses muito elevadas produzem aumento da temperatura do corpo, chegando até 40º C ou 41º C, podendo causar convulsões.

JUREMA

Da planta *Mimosa hostilis*, também conhecida como jurema, os índios e caboclos brasileiros preparavam um vinho. Esta planta contém uma substância alucinógena chamada dimetiltriptamina, ou DMT. O vinho de jurema é conhecido no interior do Brasil e usado em alguns rituais de candomblé de caboclo.

PEIOTE

O peiote, *Lophophora williamsi*, é um cacto mexicano que, ingerido, provoca intensas alucinações visuais, modificando a percepção do espaço e das cores. Do peiote é extraída a mescalina, substância alucinógena de efeitos similares ao LSD.

DROGAS SINTÉTICAS

Novas drogas alucinógenas sintetizadas em laboratório, já conhecidas na Europa e EUA, têm chegado ao Brasil.

O Special K é um anestésico de uso veterinário, à base de ketamina. Pode ser encontrado em forma líquida injetável ou em pó, a ser aspirado ou fumado junto com tabaco ou maconha.

GHB é a abreviação de gamahidroxibutirato, substância cujos efeitos costumam ser descritos como uma mistura de LSD e *ecstasy*. Encontra-se em forma líquida, em pó, tablete ou cápsula. Costuma ser misturado a bebidas.

Tanto o Special K como o GHB são depressores do sistema nervoso central. Causam alucinações e alterações nas noções de espaço e tempo, podendo chegar à perda da consciência e a paradas respiratórias. Os riscos de ambas as drogas aumentam quando associadas ao álcool.

23. Marcelo já tomou de tudo

Seu pai é sociólogo e a mãe psiquiatra. Marcelo chegou a cursar o primeiro ano de Biologia Marinha. Hoje ele está com 22 anos, trabalha com música e pensa em abrir um negócio seu. Casou-se e sua mulher está grávida.

" Fumei o primeiro baseado com 11 anos, mas, na verdade, eu já tinha experimentado outras drogas ilícitas. A primeira foi o ácido. Tomei um quarto, imagine isso na cabeça de uma criança, é muito louco. Fiquei viajando umas 8 horas, gostei um bocado.

Tive várias drogas preferidas em épocas diferentes: usei cocaína, heroína, tomei ácido, fumei muito crack, tomei muita anfetamina e tranquilizante e sempre bebi.

Meu pai e seus amigos fumavam maconha e cheiravam cocaína na minha frente, pra mim isso era uma coisa normal. Mas eu só experimentei na hora em que eu quis conhecer mesmo, saber qual é. Não foi por influência de ninguém.

Quando eu tinha 12 anos, minha mãe olhou espantada para a quantidade de maconha que eu guardava, e eu falei: 'Ah, é para experimentar, mamãe!'. Começou por aí. Logo, meu pai achou um pacotinho meu, quando foi ver tinha dez ácidos. Eles ficaram encanados —

eu era um osso, uns 10 kg mais magro do que a média —, criticaram e se preocuparam muito.

Mas acontece uma coisa com as drogas, não adianta te internarem, baterem, você só vai largar na hora em que você achar que tem que parar de usar, que aquilo não está sendo bom pra você. Não existe outro remédio a não ser a sua consciência, e pra cada um chega de um jeito. Meus pais tentaram várias vezes fazer com que eu parasse. Não deu certo.

É bacana ter informação sobre drogas, não que isso mude alguma coisa. Com a informação que existe hoje em dia, era para ninguém mais estar usando, mas o consumo só cresce.

Experimentei drogas injetáveis aos 14 anos. Eu não tinha medo. Usei por dois anos. Nunca troquei seringa com ninguém, tomava sozinho, eram drogas introspectivas. Eu injetava *speedball* e cocaína. *Speedball* eu fazia, misturava heroína com cocaína.

Várias vezes fiquei preocupado de ter tomado muitas coisas em grande quantidade, mas aí não tem mais jeito, é esperar que nada aconteça. A gente fica muito louco. Até com ácido e com cogumelo já aconteceu de eu ter tomado muito e ficar quase dois dias maluco.

Sempre fui substituindo uma droga por outra. Quando eu fumava bastante crack, comecei a beber álcool para parar. Não sou mais alcoólatra, mas já fui.

Acho que tem muito a ver trocar uma droga por outra. Funciona, apesar de ser uma coisa muito particular.

Tem coisas que eu não uso mais. Pedra, teve uma

hora que eu falei: 'Não quero mais saber disso'. E parei. Não tive crise de abstinência, fiquei com muita vontade, foi difícil, mas pra mim era algo que não dava mais.

Quando usei cocaína tive momentos bem pesados. Fazia de tudo para arrumar dinheiro pra comprar. Pegava do traficante, vendia uma parte e ficava com a outra pra mim. Conseguia levantar o dinheiro facilmente. Com as pedras não, eu consumia tudo e cheguei a roubar pra comprar.

A droga mais barata é o crack, o barato que sai caro. Uma pedra dá pra cinco minutos. Você fuma e dali a pouquinho já está querendo mais. Então, acaba saindo mais caro. Cheguei a usar 20 pedras por dia. Eu não tinha vontade de nada, nem de transar. Podia até acontecer de eu ter ereção, mas a vontade mesmo era de fumar de novo.

Sempre bebi muito, isso segurava um pouco a minha onda quando a pedra acabava, por isso tive problemas no fígado, uma série de coisas.

Tem uma diferença imensa entre o viciado e o usuário ocasional. A pessoa se vicia porque começa a usar muito, aquilo cai em algum pedaço da vida onde tem uma lacuna e é preenchido com a droga. Mas usar socialmente... É estranho falar assim: usar socialmente. Você bebe socialmente, o resto você não usa socialmente porque é proibido, o uso é restrito a grupos de pessoas. Apesar disso, em geral, droga se usa com as pessoas. Tirando algumas drogas que são introspectivas, como a cocaína ou o crack, as outras não têm nem muita graça você tomar e ficar sozinho. Não dá muito certo. Mas, na verdade, isso é muito particular. Existem pessoas e pessoas, tem usuário de todo tipo: que usa pedra, que cheira, que toma ácido, que fuma maconha, que toma todo tipo de coisa ou todos os dias ou de vez em quando.

Algumas coisas eu não faria de novo: não tomaria pico e não fumaria pedra. Quando eu fumava pedra, eu sentia horrores, não tinha resistência, meu corpo ficava ruim, frágil, tinha cãibras. Não podia fazer nenhuma atividade física, que eu adoro — jogo futebol e pratico luta oriental. A atividade física ajuda, você vai limpando todo o seu organismo.

Eu vou ter um filho. Minha mulher não usa drogas, nada. Eu não deixo, imagine! Não sei se é certo fumar maconha na frente das crianças, mas cheirar eu acho horrível, na frente de criança ou de qualquer pessoa. Quem cheira pouco, dá até pra ter um convívio com os outros, agora, se você cheira muito, fica na paranoia e com ódio dos outros. Acho que não é uma droga boa, ainda mais num corpo frágil de uma criança.

Ácido e maconha são drogas que elevam o astral, você fica feliz, sorrindo. Acabou o efeito, vamos dormir gostoso, numa boa! Tomou cocaína, fumou pedra e passou o efeito? Você não é nada e só vai melhorar quando tomar de novo.

Pra quem está usando drogas, não tem o que você possa falar que mude isso. Não adianta você pegar um cara que já tá usando, na merda, todo fudido, e dizer: 'Pô, não é nada disso, sai dessa'. O outro lá diz: 'Tem razão, mas antes eu vou dar só uma bolinha!'.

Eu não gostaria que meu filho experimentasse drogas tão cedo quanto eu. Espero que ele fique ligeiro e que saiba qual é o momento certo, mas, também, se não tiver tempo certo, estamos aí. **99**

24. Fatos

Anfetaminas

"Eu gostaria de sugerir que você não tomasse anfetamina, e digo o porquê: ela vai acabar com o seu fígado, seus rins, apodrecer sua mente; de modo geral, ela vai fazer você ficar como seus pais."

Frank Zappa

As anfetaminas são drogas estimulantes, sintetizadas em laboratórios, que fazem o cérebro trabalhar mais rapidamente.

Usadas como moderadoras de apetite, no Brasil elas são consumidas de maneira bastante elevada por mulheres que fazem regime para emagrecer (muitas vezes sob prescrição médica). Têm efeitos colaterais perigosos e alto risco de causar dependência.

De acordo com o CEBRID, depois do álcool e do tabaco, as anfetaminas estão entre as quatro drogas mais usadas por estudantes do Ensino Fundamental e Médio.

Seu uso tende a crescer entre os jovens nas grandes cidades.

SUA HISTÓRIA

As anfetaminas foram descobertas em 1887 por um médico alemão e só seriam testadas em seres humanos na década de 1920. Inicialmente, elas foram comercializadas como descongestionante nasal e, mais tarde, como medicamentos para o tratamento de asma, obesidade, narcolepsia (tendência a adormecer a toda hora) e depressão.

Sua primeira aplicação extramédica foi no combate ao cansaço em soldados durante a Segunda Guerra Mundial. Após a guerra, elas continuaram facilmente disponíveis sob prescrição médica.

SEUS NOMES

No Brasil, existem vários medicamentos à base de substâncias anfetamínicas, fabricados e vendidos por diversos laboratórios, com diferentes nomes de fantasia: Dualid S, Hipofagin S, Inibex S, Moderine (à base de dietilpropiona ou anfepramona); Dasten, Fagolipo, Absten-Plus, Diazinil, Dobesix (à base de mazindol); Desobesi-M, Lipomax Ap, Inobsein (à base de fenproporex) e Ritalina (à base de metilfenidato).

As anfetaminas são chamadas de "bolinha" pelos estudantes e "rebite" pelos motoristas de caminhão, que as utilizam para enfrentar longas viagens acordados. Também são conhecidas como "boleta" e *speed*.

SUAS FORMAS

Em sua maioria as anfetaminas são encontradas em comprimidos, que podem ser ingeridos ou diluídos em água e injetados.

O *speed* é um pó branco que costuma ser inalado, misturado a bebidas, colado em chicletes ou dissolvido em água e injetado. Essa droga é chamada de cocaína dos pobres e produz efeitos muito parecidos com os do *ecstasy*, pois é feita com metanfetamina.

No Brasil, algumas lojas de produtos dietéticos têm importado ilegalmente dos EUA chicletes e cápsulas que contêm *efedrina*, um tipo de anfetamina sintética. Pessoas que querem emagrecer a usam para queimar gorduras e frequentadores de *raves* a tomam para mascarar o cansaço ou aumentar o efeito do *ecstasy*.

Além de ser um provável causador de depressão, ansiedade e pânico, a *efedrina* pode levar a hipertensão, derrame e até infarto. As formas mais encontradas são o chiclete (Ripped Fuel), a cápsula (Xenadrine) e o comprimido (Efedrina Level).

Outra anfetamina sintética conhecida como *Ice* (ou *cristal*; metanfetamina pura) também tem se popularizado no Brasil.

SEUS EFEITOS

Uma droga anfetamínica faz com que você se sinta confiante, alerta, vigoroso e cheio de energia. Faz com que você permaneça por um longo tempo sem comer e sem dormir. A esse estado de euforia, segue-se o colapso: um profundo esgotamento das energias físicas e mentais.

OS EFEITOS PREJUDICIAIS

Quimicamente, os efeitos da anfetamina são similares aos da cocaína, porém duram muito mais. Usuários experientes muitas vezes não conseguem distinguir o efeito entre as duas drogas.

As anfetaminas também produzem dilatação na pupila, o que é perigoso para quem está dirigindo à noite. O *speed* aumenta a pressão sanguínea e reduz os níveis de cálcio no organismo. Devido ao fato de as anfetaminas vendidas ilegalmente serem misturadas com tudo o que se pode imaginar, aqueles que as injetam acabam geralmente tendo graves problemas de saúde. Inalar produz danos no nariz, e mascá-la em chicletes pode provocar a queda dos dentes por perda do esmalte (dentina). Se tomada junto com outros medicamentos, pode ser muito perigosa. É extremamente prejudicial para mulheres grávidas.

O uso intenso pode causar distúrbios relacionados ao sono, perda de apetite, coceiras e sentimentos de ansiedade aguda ou paranoia. Irritabilidade e agressividade são frequentes. São conhecidos casos de convulsão.

Grandes doses de anfetamina podem causar colapso mental. É uma droga altamente viciante, e seu uso regular requer doses cada vez maiores para se obter os mesmos efeitos. Dependentes com síndrome de abstinência têm propensão à depressão profunda.

A LEI

É proibido comprar anfetamina sem receita médica apropriada, que fica retida na farmácia.

Speed é considerada uma droga ilegal. Seu porte pode

levar a penas de até 15 anos de prisão, se for comprovado o tráfico de drogas.

OUTROS MEDICAMENTOS

Ao contrário das anfetaminas, que inibem o apetite, há uma outra classe de medicamentos utilizados para estimular o apetite. São os orexígenos, que podem ser comprados facilmente nas farmácias (Apetivit, Periatin, Buclina, Apevitin e outros).

Algumas dessas substâncias possuem efeitos anticolinérgicos, isto é, inibem a transmissão dos impulsos dos neurônios para as células musculares, provocando um relaxamento muscular generalizado.

Segundo o CEBRID, nas grandes cidades brasileiras, o uso na vida de orexígenos aparece logo atrás do álcool, do tabaco, da maconha e dos solventes.

25. **Fatos**

Tranquilizantes e pílulas para dormir

Tranquilizantes, calmantes ou sedativos são medicamentos que têm a propriedade de diminuir a tensão e ansiedade, sem afetar demasiadamente as funções motoras e psíquicas. São também chamados de ansiolíticos. As pílulas para dormir são calmantes que afastam a insônia, produzindo sono. Alguns desses remédios também são usados para prevenir convulsões típicas de epilepsia.

BARBITÚRICOS

SUA HISTÓRIA

Os barbitúricos foram descobertos no início do século XX por um químico europeu — que lhes deu esse nome em homenagem a uma jovem chamada Bárbara — e, a partir daí, passaram a ser usados como medicamentos para tranquilizar, induzir o sono e aliviar as dores.

No final da década de 1960, na Inglaterra, eram registrados mais de 2 mil casos de morte por ano relacionados aos barbitúricos. Entre suas vítimas mais famosas estão a atriz Marilyn Monroe e os músicos Brian Jones, Jimi Hendrix e Janis Joplin.

Hoje os barbitúricos são usados quase que exclusivamente em remédios para prevenir convulsões.

SUAS FORMAS

A maioria dos barbitúricos é encontrada sob a forma de comprimidos.

Traficantes costumam misturar barbitúricos com heroína de má qualidade para dar mais potência à droga. Injetar barbitúricos é particularmente perigoso.

No Brasil, alguns remédios para dor de cabeça como Cibalena, Veramon e outros, além da aspirina, continham algum tipo de barbitúrico em suas fórmulas. Como muita gente abusava do uso desses medicamentos, os laboratórios retiraram essas substâncias da composição.

Outros medicamentos à base de barbitúricos, como Gardenal, Tonopan etc., continuam à venda no mercado brasileiro.

SEUS EFEITOS

Uma pequena dose de barbitúrico produz uma sensação de relaxamento comparável a algumas cervejas. Mas mesmo em pequenas doses pode causar falta de coordenação motora, fala enrolada, tremor das pupilas e instabilidade emocional. Com o uso regular, a dose tende a aumentar e há risco de desenvolver dependência física e psicológica.

OS EFEITOS PREJUDICIAIS

O estado emocional de quem usa barbitúricos a longo prazo é caracterizado por mudanças bruscas de comportamento, indo da euforia à depressão ou irritabilidade por muito pouca coisa.

Quando injetados, os danos aos tecidos podem ser graves. Como as veias menores se rompem rapidamente, os usuários podem ser levados a usar as grandes veias da virilha ou do pescoço, com consequências desastrosas.

Abstinência súbita gera ansiedade, agitação, tremores, cólicas estomacais e insônia. Pode ainda causar vômitos e febre. Há sérios riscos de convulsões, muito difíceis de controlar. A abstinência deve ser supervisionada por um médico.

Como a dose terapêutica pode ser bastante próxima à letal, dosagens maiores provavelmente causarão problemas nos mecanismos do sistema respiratório que podem ser fatais.

BENZODIAZEPÍNICOS

Os benzodiazepínicos suplantaram amplamente o uso de barbitúricos nos medicamentos indicados para o controle da ansiedade, tensão ou insônia.

No Brasil há mais de cem remédios à base de benzodiazepínicos. Existe uma preocupação crescente em relação ao uso legal e ilegal dessas drogas. A dependência e o abuso cada vez maiores têm levado a um controle mais amplo por parte das autoridades.

SUAS FORMAS

Os benzodiazepínicos geralmente têm nomes que terminam em "am": diazepam, bromazepam, clobazam, clorazepam, estazolam, flurazepam, flunitrazepam, lorazepam, loprozolam, temazepam etc. Mas são fabricados pelos laboratórios com diversos nomes de fantasia: Noan, Valium, Diempax, Frontal, Kiatrium, Lexotan, Lorax, Somalium, Calmociteno etc.

Esses medicamentos deveriam ser prescritos apenas por algumas semanas, ajudando no combate à crise. No entanto, eles aparecem entre as três drogas mais consumidas por estudantes. As mulheres usam mais ansiolíticos do que os homens.

Esses ansiolíticos são geralmente encontrados em armários ou gavetas de medicamento das próprias casas, facilitando o caminho para que jovens os experimentem. Também são comprados de traficantes, através de receitas falsas ou a partir de receitas compradas de pessoas que tiveram a droga legalmente prescrita por médicos.

É fácil tornar-se dependente psicológico de tranquilizantes, e pessoas que tentam parar podem sofrer sintomas de abstinência bastante desagradáveis.

SEUS EFEITOS

Em pequenas doses, os efeitos agradáveis são parecidos com os do álcool. Afastam as preocupações, mas tendem a deixar a pessoa mais lenta, reduzindo sua capacidade de estar alerta e afetando a execução de tarefas que exijam concentração, como dirigir, por exemplo.

OS EFEITOS PREJUDICIAIS

A dependência é bastante comum entre usuários regulares. Quando as pessoas param de tomar a droga, podem se sentir confusas, irritadas, ansiosas, com insônia, dores pelo corpo todo e incapazes de levar suas rotinas normalmente. Abstinência repentina pode causar transpiração excessiva, depressão, nervosismo e diarreia.

Os benzodiazepínicos mais comumente usados pelos jovens são Lexotan, Valium, Diazepam e Dienpax.

Podem ser extremamente perigosos se tomados junto com álcool ou outras drogas.

Injetar tranquilizantes é extremamente perigoso. Pode causar coágulos no sangue, bem como os demais perigos inerentes ao ato de injetar drogas na veia — o que inclui infecções sanguíneas, AIDS e hepatite.

Tranquilizantes injetados puros ou em combinação com outras drogas têm sido associados a várias mortes.

PROZAC

Há uma série de drogas que não pertencem à família dos barbitúricos ou benzodiazepínicos, mas que têm efeitos similares. A mais conhecida destas é o Prozac, medicamento que tem por base uma substância chamada fluoxetina hidroclorada, uma nova droga antidepressiva que não possui efeito sedativo. Usuários têm afirmado que o Prozac não apenas os tira da depressão como também os faz sentir "melhor do que bem".

O Prozac age na mesma parte do cérebro que o *ecstasy*. A mistura de *ecstasy* e Prozac pode ser perigosa, e não tem demonstrado intensificar os efeitos do *ecstasy* ou atenuar seus efeitos colaterais.

Como todas as drogas, o Prozac pode causar uma série de efeitos indesejáveis e reações alérgicas que podem ocasionalmente apresentar risco fatal. Um efeito constatado — e que é comum a outros antidepressivos — é que ele pode arruinar completamente a vida sexual.

De acordo com especialistas, "receitar Prozac para uma pessoa normal é como regular um carro que já está regulado... se algo não está quebrado, não tente consertar".

No Brasil, 67% de todos os antidepressivos vendidos são consumidos por mulheres.

A LEI

Não é ilegal a posse de tranquilizantes e antidepressivos, mas é ilegal vendê-los ou mesmo dar para outra pessoa alguns comprimidos que fazem parte de uma receita personalizada.

26. Susana é dependente de crack

 Ela tem 19 anos. Ficou 12 na rua. Agora mora numa casa na Freguesia do Ó, em São Paulo. Sua mãe era alcoólatra e morreu. Não sabe se seu pai está preso ou morto.

“ Fui para a rua com 6, 7 anos. Fugi de casa. Meu pai estava preso. Acho que por causa de homicídio, sei lá. Éramos três irmãos. Minha mãe bebia, ficava de fogo, mas não todo dia. A gente sempre ia ao centro pedir esmola.

Aí minha irmã mais velha do que eu, de 11 anos, morreu estuprada, e minha mãe se viciou no álcool. Bebia, levava homem pra casa. Os caras mexiam com a gente.

Meu irmão fugiu, não estava aguentando mais. Ela batia muito nele, tacava óleo quente. Nós tínhamos fogão de lenha em casa, e minha mãe queimava a gente. Ficava bêbada, o dia inteiro jogada na rua, ao deus-dará. Não ligava, e a gente passava fome.

Minha família é de viciados, desde minha bisavó, avó, meus tios, minha família foi sempre 'geração álcool'. Todo mundo bebe. E quem bebe tem um monte de filho. Minha avó sempre dava pinga pra mim e pros meus primos também.

Um dia, minha mãe me arrumou um padrasto. Ele também era alcoólatra, e tudo o que ela fazia com a gente, o cara fazia com ela. Aí eu me revoltei, eu via ele batendo na minha mãe! Mas ela não queria largar dele. Aí eu fui embora pra Praça da Sé.

Eu sabia que meu irmão estava lá, mas só o encontrei depois de dois anos. Ele ficava num mocó diferente, com pessoas diferentes.

Meu primeiro dia na rua foi legal, parecia que eu tinha me libertado de tudo o que me oprimia. Um dia acordei com uma loira que chamou a polícia e me levou pra Febem, disse que ia ser muito melhor pra mim.

Na Febem eu aprendi tudo o que não prestava. Tinha menina de 20 anos com latrocínio, homicídio. Tinha menores de 5 anos, 2 anos, 6 meses. Crianças com problemas mentais, doentes. Todas as crianças que eles catavam, mandavam pra lá. Imagine o que era! Lá a gente apanhava. Era só maus-tratos, 500 pessoas numa área. Só dá merda. Saí da Febem revoltada, fugi.

Fui pra rua, conheci uma turma, comecei a fumar maconha e gostei. Passei a pedir dinheiro porque tinha de ter. Comecei a cheirar cola, aí eu pedia mais dinheiro. Passei a roubar e a andar com pessoas mais barra-pesada que moravam na rua. Comecei a fazer assalto à mão armada.

Depois veio o crack e aí é que eu metia a mão, tinha muito vício em roubar. Eu roubava e fumava muita pedra. Não podia mais parar.

Descobri meu irmão na rua, mas não era aquele

amor. A droga tira o afeto das pessoas. Sabia que era da família, que era meu irmão, mas não era aquele amor.

Eu ia pra Febem. Ficava um tempo, fugia. Era revoltada. Achava que só eu nasci sofrendo, que a culpa era da minha mãe. Tinha muito ódio da minha mãe, porque ela nunca me deu carinho, só me espancava, bebia. Eu ficava remoendo essa raiva, essa culpa. Eu queria maltratar as pessoas que passavam, e eu usava cola e maconha pra esquecer.

Depois fui vendo minhas colegas que usavam drogas, crack, grávidas. E a mesma coisa que minha mãe fazia comigo elas faziam com os filhos delas. Elas até não maltratavam, mas deixavam o filho assim três dias no meio da rua pra ir fumar pedra. Trocavam o bebê por droga.

Não era isso que eu queria. No fundo, no fundo, eu queria dar o melhor se eu tivesse um filho. Eu não tenho e não quero ter ainda tão cedo. Mas fiquei pensando: 'Eu não quero isso, quero dar o melhor para os meus filhos'.

Eu nunca gostei de bebida e sempre pensava: 'Minha família é toda assim, se eu me enrolar no álcool, não vou chegar a lugar nenhum. Quero crescer, meu'.

Só que aí eu não tinha mais saída. Não tinha mais família, já estava há muito tempo na rua. Só tinha os meus colegas que para mim eram a minha família. Só conhecia a Febem de instituição. Sabia que o meu fim ia ser morte.

Eu roubava demais. Podia estar com 2 mil reais na mão, se uma pessoa passava com 1 real, eu roubava.

Susana é dependente de crack

Usava muita droga, e quando tem droga demais o vazio continua, porque você nunca vai querer parar.

Tinha dia que eu não usava, então preenchia o vazio com aventuras, ia roubar. Eu gostava de roubar. Tiros em cima, carro quase me atropelava no meio do assalto, eu gostava porque é aventura, adrenalina, preenche o vazio.

Então eu vivia assim: um mês na rua, um mês na Febem, um mês na rua, um mês na Febem. Não tinha jeito de eu sair pra ver o mundo dos trouxas, dos babacas, dos caretas.

Um dia apareceu uma mulher na minha vida, uma educadora, que me conhecia desde pequena, porque ela trabalhava num projeto com crianças de rua, num ônibus que ia até a Praça da Sé recolher crianças do frio. Ela foi atrás de mim, perguntou se eu queria parar de usar droga. E eu na maior paranoia. Achava que ela era polícia, saía correndo, não deixava ela me pegar.

Aquela mulher me perseguia todo dia. Se eu ia fazer um assalto, olhava pro outro lado, eu via ela. Eu estava correndo da polícia e ia atravessar a rua, eu via ela. Eu ia no mocó usar droga, se entrava lá, eu via ela. Mas eu via ela mesmo! Ela me seguia o tempo todo. No fundo era tipo uma luz piscando, uma coisa assim. Não sei se também era alucinação, direto ela aparecia. Onde eu estava, eu via ela. E sempre quando tinha oportunidade ela perguntava: 'Você quer sair desta vida?'. Mas eu sempre ficava meio assim.

Ela ficou uns dois anos atrás de mim, nessa mesma rotina. Se eu ia num bar no centro da cidade comer alguma coisa, se eu tava no metrô, num pega porque eu tinha acabado de roubar, eu via ela. Todo dia ela me perseguia. Direto.

Daí, puta, eu xingava ela. Uma vez, o carro ia passar em cima de mim, eu estava bem louca, dormindo no meio da avenida. E ela me acordando! 'Está dormindo na rua!'

Teve um dia que ela me encostou na parede, meu irmão também. Meu irmão sempre queria que eu saísse da rua, porque eu fumava crack. Ele fumava também, mas dizia que se eu não saísse da rua ele ia me bater. Era sempre assim. A paranoia dele era eu. Ele fumava pedra, a paranoia era eu.

O pessoal que eu andava já estava sem graça, dava um pega numa pedra, depois entrava na noia. Começaram a ficar psicopatas, os caras com que eu andava.

O crack é assim, você dá um pega e entra na loucura da droga. Aí eles davam um pega e ficavam na noia que tinha alguém querendo matar eles. Você estava ali, sentada, na sua, e os caras na noia achando que você queria matar eles. Então eles faziam barbaridades: tacavam cola na menina, metiam fogo. Faziam uma pá de coisas. Só em mim que eles não faziam. Podia ser a pessoa que eles mais consideravam, faziam barbaridades. Só em mim que não. Metiam a facada, tacavam paralelepípedo, torturavam a pessoa. Já estava ficando chato.

Graças a Deus eu nunca tive problemas no mundo que eu vivia. Porque tem regras... você roubar do traficante, pegar e ficar devendo. Nunca tive problemas com traficante. Nunca tive problema com ninguém. Mas já estava ficando chato. As loucuras não eram mais das minhas.

Aí ela me encostou na parede e perguntou: 'Você quer mudar de vida?'.

Eu pensei: 'Puta, pra essa mulher sair do meu pé, e pro meu irmão não ficar enchendo o meu saco, eu vou dizer que sim'. Aí eu falei: 'Ó, eu quero mudar de vida, mas só se você me arrumar uma casa pra eu ficar, um lugar pra eu fazer tratamento de droga e um lugar pra eu estudar'. Mas era tudo mentira!

E ela falou: 'Tá bom, amanhã então eu passo aqui'. Voltei e terminei de fumar minha pedra, depois fui roubar.

Passou outro dia, eu fumei muita pedra, fumei tanto que comecei a enjoar, enjoar. Eu estava na Cracolândia, conhecia todo mundo lá. Eu tinha fumado tanta pedra aquele dia que respirava, vinha o cheiro da pedra, eu comia, parecia que estava mastigando a pedra, bebia água, parecia que estava bebendo aquele líquido da pedra. Porque a pedra em si tem um gosto horrível.

Minha cabeça, parecia que embaixo do tampão da testa estava cheio de fumaça. Sabe quando você não aguenta mais? Eu não estava aguentando mais! Aí fiz uma oração, pedi para Deus me ajudar, que eu não queria mais isso na minha vida, mas estava difícil. Sei que fiz uma oração fortíssima.

Saí pra Praça da Sé, em cada canto eu fazia um assalto. Fui rezando e metendo a mão. Encontrei uns camaradas. Fomos roubar, fazer uma grana pra eles fumarem pedra.

Cada um tava com seu dinheiro. Aí peguei e falei pra Deus que eu nunca mais ia roubar. E todo mundo foi fumar pedra.

Eu sentei dentro de uma caixa de papelão e fiquei lá. Comprei uma feijoada e comi. Não estava aguentando mais fumar. Aí eu falei: 'Vou meter a mão mais um pouquinho!', e puxei o relógio de uma mulher e fui vender. A polícia me catou no flagra e me levou pra Febem.

Lá eu conhecia todo mundo, o juiz já não estava mais me aguentando. Eu fazia escândalo na sala dele, quebrava tudo. Aí o juiz falou que ia me dar uma prisão-caução, eu ia ficar três meses só, depois, se eu voltasse a roubar, ia pra cadeia.

Eu disse que conhecia uma educadora, que ela ia me tirar de lá. Eles mandaram um papel pra ela, e ela começou a mandar carta pra mim perguntando se era isso mesmo que eu queria. Primeiro eu não respondi, porque de verdade não era isso. Minhas colegas falavam que eu devia aproveitar a chance, acreditavam em mim. Aí escrevi e falei que eu queria. Depois de três meses, ela foi me buscar e me levou para uma casa de menores.

Mas eu parei de usar droga por causa dela. Pensei: 'Puxa, ela está há tanto tempo atrás de mim, não vou maltratar mais uma pessoa'. Mas não adiantou! Fiquei lá um mês, tentei, mas recaí de novo. Aí eu fiquei com a maior vergonha, né?!

Outra educadora que trabalhava com ela foi na boca atrás de mim, perguntou se eu queria voltar. Eu fiquei na maior noia.

Susana é dependente de crack

Mas daí eu voltei. Dormi, acordei no hospital, fiquei um bom tempo, me deram uns remédios. Dormi a semana inteira. Acordei numa clínica de recuperação. Fiquei um mês nessa clínica, depois me indicaram os Narcóticos Anônimos. Fui e fiz os 12 passos.

Faz um ano que eu estou limpa, não uso droga e está sendo melhor. Tem vez que tenho vontade de usar, que bate uma vontade irresistível. Eu vou lembrando tudo de mau que aconteceu comigo na rua e vejo se vale a pena.

Você acha que se usar droga não fosse gostoso os trouxas iam usar? É o maior barato usar droga, é uma delícia, só que tudo é passageiro. Eu gosto de usar droga, só que eu não uso mais porque não faz mais parte da minha vida.

Sinto vontade. Tem dia que, puta, é foda! É difícil você ver alguém que usa crack parar assim. Não é impossível, mas é muito difícil, você tem que abrir mão de muitas coisas.

Quando bate uma depressão, a primeira coisa que eu vou pensar é o quê? O meu remedinho! Porque eu conheço a droga, sei qual o melhor remédio para eu ficar boa: uma pedra! Quando eu estou eufórica demais, quero fazer o quê? O que eu fiz a minha vida inteira: 'Me dá uma pedra, me dá um cachimbo, me dá uma pedra, me dá um cachimbo!'. A minha vida inteira nessa obsessão. Você para, o subconsciente ainda pede, fica: 'Me dá uma pedra, me dá um cachimbo!' e quando não dá... aí é fogo.

Cada dia que eu fico sem usar droga é um dia de vitória.

Tem dia que eu fico pensando, que vêm imagens eufóricas. Outro dia eu sonhei que estava roubando pedra. Ou eu tenho pesadelos em que eu fico fumando pedra. Puxa, eu senti aquele gostinho na boca! Senti até loucura, meu! Acordei: 'Puta, eu fumei pedra!'. Em sonho volta tudo, o gosto, as sensações.

Eu tenho de lidar com o meu vazio. Tem gente que para de usar droga e preenche com comida, com sexo. Eu não quero preencher com nada. Quero o meu vazio, vazio. Sei que é um prazer imediato. Tomou, já era. Só que não é bem assim. Se tudo tivesse uma solução imediata...

Minha mãe, eu não tenho amor por ela. O que era para eu sentir por ela, ela não passou pra mim. Fiquei com muita raiva quando ela morreu. Eu tinha raiva e não pude descontar.

Mas ela deixou a mensagem de que não vale a pena usar droga. Uma mensagem no exemplo, né? O único exemplo de mãe que ela me deu foi esse. Ela não pôde me passar mais nada, mas esse é um exemplo.

Acredito que se eu tiver um filho, vou dar o melhor pra ele. Ele vai ter educação, pra não ter essa vida que eu tive. Agora eu tenho 1 ano de idade, não tenho 19 anos, meus 18 anos foram jogados fora. O pessoal do projeto que eu frequento ajuda muito. Eles têm um modo de tratamento diferente, eles dão o melhor. Faz dois anos que eu estou aqui. Faço tratamento com psiquiatra. Faço as atividades. Se eu estivesse na rua não sei qual seria o meu destino. Aqui está sendo legal porque eu estou vendo uma pá de valores em mim.

Susana é dependente de crack

Tudo pra mim é motivo de felicidade demais ou tristeza demais. Que a droga deixa isso, deixa altos e baixos, deixa um monte de coisas. Pra sair, demora.

Você começa a ver o dia nascer. Começa a se amar mais. Coloca uma roupa que não está muito bom, vai, troca, põe outra. Começa a vivenciar o que a vida tem para oferecer. Antigamente eu tomava banho no chafariz da Sé, agora tomo banho quente de chuveiro. Dormia num papelão sem coberta, agora durmo no colchão com coberta e tudo. É o maior barato dormir em cama! Agora eu assisto a televisão, antigamente eu não gostava. Tudo o que eu não tinha eu não gostava. Acho que era pra não ficar frustrada: 'Ah, não gosto de tomar banho!'; 'Ah, não gosto de televisão!'.

Meu irmão, eu gosto muito dele. O que eu puder fazer pra ajudar ele, eu vou ajudar. Ele está preso, me manda carta, eu mando carta. Aprendi a ler e escrever na Febem. Ensinam mal pra caramba. Estuda dois meses, no outro mês você passa de ano. Mais dois meses e passa de novo de ano. Cheguei na 2ª série, saí na 6ª.

Sou uma pessoa privilegiada. Eu já passei por várias faxinas. Muitos amigos meus morreram. Já tentaram me matar queimada, já me estupraram, então eu tenho dó das pessoas. Eu fumava, roubava, só não matei também não sei por quê. Porque ninguém me fez ficar com tanta raiva.

Quando vejo alguém na rua, vejo o meu espelho. Aí, você olha com outros olhos. 'Puta, eu era assim, meu! Puxa, se eu voltar a usar droga vou ficar assim de novo.'

Na hora você se identifica. Você olha a situação crítica da pessoa, você não quer se ver assim, né?

Antigamente eu não sabia como era. Nunca fiquei lúcida na minha vida! Agora eu vejo e tenho dó. Usar droga não dá, meu, é foda. Quem usa droga, sabe que é gostoso, mas a merda é o que vem depois.

Acredito que foi Deus que pôs aquele polícia naquele lugar e naquela hora e essa mulher na minha vida. Porque eu sozinha não ia conseguir. Eu fico lembrando o dia em que estava sentada ali dentro daquela caixa e pedi pra Deus me ajudar. Eu não fazia nada pra agradar a Deus.

Imagino aquela mulher, como ela teve que perseverar, ir todo o dia no mocó atrás de mim. Porque eu sei como foi — não sei muito, porque eu estava muito louca. Paciência, ela teve de ter muita. Saber lidar com seu emocional. Precisa sentir afetividade pelas crianças.

Eu tenho vontade de vir a fazer um trabalho desses, porque acho que sou um exemplo também, mas, por enquanto, tenho que cuidar de mim. 〞

Susana é dependente de crack

27. ## Fatos

Cocaína, crack e merla

COCAÍNA

SUA HISTÓRIA

Mascar folhas de coca (ou *epadú*, como a chamam certos grupos indígenas brasileiros) faz parte do cotidiano de alguns povos da América do Sul desde pelo menos 2.500 anos a.C. Mas a coca só teria grande impacto na Europa na metade do século XIX, quando cientistas alemães isolaram a cocaína propriamente dita da folha de coca e a patentearam para uso em remédios. Antes disso, o chá dessa planta era muito usado, e continua sendo ainda hoje, no Peru e na Bolívia.

A Coca-Cola, contendo uns poucos miligramas de cocaína por copo, foi introduzida no mercado em 1886 e comercializada como uma alternativa ao álcool. No entanto, foi ficando evidente a dependência que a cocaína provocava e, em 1903, a cafeína substituiu a cocaína na Coca-Cola. Em 1914, nos EUA, um ato institucional chamado Harrison Act fez da cocaína uma substância ilegal sob qualquer circunstância que não estivesse relacionada ao uso médico.

A cocaína, como droga ilegal, retornou na metade da década de 1960 e, em 1986, estimava-se que 40% dos norte-americanos entre 23 e 25 anos haviam experimentado a droga. Consumida no Brasil em pequena escala no início do século XX, em círculos de artistas, boêmios e intelectuais, a cocaína ganhou as camadas da classe média brasileira nas décadas de 1960 e 1970. A partir de 1985, alastrou-se ainda mais com o surgimento da cocaína que se podia fumar, o crack.

Ao longo da década de 1990, pesquisas do CEBRID apontaram crescente popularização do uso da cocaína entre estudantes do Ensino Fundamental e Médio.

Ao contrário do que se costumava pensar, sabe-se hoje que o consumo de cocaína não se restringe a São Paulo e Rio de Janeiro, mas está presente em várias cidades de porte médio do país.

Estima-se que nas cidades brasileiras com mais de 200 mil habitantes 2,3% da população — o que equivale a 1.076.000 pessoas — tenha feito uso na vida de cocaína.

Nos EUA, esse número chega a 11,2% da população.

SUAS FORMAS

A cocaína é encontrada sob diferentes formas: pó, pedra e pasta. A mais comum é o cloridrato de cocaína, um pó branco, cristalino, inodoro, solúvel em água.

A cocaína em pó é geralmente cheirada e algumas vezes injetada, o que é muito perigoso, pois nunca se sabe que tipo de misturas a cocaína pode conter. É geralmente misturada a outras substâncias (anfetaminas, xilocaína, açúcar, pó de giz, talco, pó de vidro, ou qualquer outro pó branco que o traficante tenha por perto).

Os usuários costumam se referir à droga também como pó, farinha, coca, neve, branquinha, brilho, brisola, papelote, papel, braite.

Uma "carreira de coca" contém aproximadamente 25 mg de cocaína.

SEUS EFEITOS

Os efeitos da cocaína são similares aos das anfetaminas. Uma sensação de bem-estar é produzida em questão de minutos, crescendo gradualmente. Aumentam a confiança, o otimismo, a energia e a autoestima, produzindo uma sensação de euforia. Enquanto isso, diminui a necessidade de comer, descansar e dormir.

Esses efeitos, no entanto, duram conforme a dose, e é por isso que seus usuários cheiram várias vezes, a intervalos, numa só sessão. Quanto mais se usa a droga, menos se sentem os efeitos.

OS EFEITOS PREJUDICIAIS

A cocaína pode aumentar a pressão arterial, provocando taquicardia e até mesmo derrame e convulsões. Cheirar demais causa danos à mucosa nasal. É extremamente prejudicial para gestantes.

Doses excessivas podem gerar ansiedade e agitação, suor, tontura, alta temperatura do corpo, boca seca, mãos trêmulas e zumbido nos ouvidos. O uso prolongado pode causar danos irreversíveis no sistema nervoso e alguns problemas vasculares cerebrais. Doses pesadas podem causar alucinações e ilusões.

O fim do efeito da droga costuma ser acompanhado de muitas sensações desagradáveis. Os usuários se sentem famintos, cansados, de mau humor, deprimidos e com pouca energia. A cocaína provoca muita dependência, e a abstinência pode causar depressão prolongada.

A LEI

Cocaína é uma droga ilegal. Você pode pegar de 5 a 15 anos de prisão se for pego com a substância e for comprovado o tráfico.

CRACK E MERLA

SEUS NOMES

O crack também é conhecido como pedra ou rocha. O nome "crack" vem dos estalidos e das pequenas explosões que se ouvem quando é fumado, por causa de suas impurezas.

A merla é chamada de mela, mel, pasta ou melado.

SUAS FORMAS

O crack é um preparado à base de pasta de cocaína que pode ser fumado num cachimbo comum ou aquecido numa lata. Nesse caso, a fumaça é inalada.

A pasta de cocaína é processada quimicamente, resultando em uma pedra ou cristal. Essa pedra é o crack.

A merla é a pasta base de cocaína. Geralmente é vendida misturada a outras substâncias, tornando-se altamente tóxica. A merla conserva a consistência pastosa e sua cor vai do amarelo-escuro ao marrom. Também é fumada.

SEUS EFEITOS

Fumar crack ou merla num cachimbo faz com que a cocaína chegue ao cérebro quase imediatamente, como se fosse injetada. Do pulmão, ela vai para o cérebro em segundos, produzindo uma agitação extrema e uma intensa euforia. Os usuários de crack costumam ter dificuldade para descrever seus efeitos, mas dizem que é como se fossem "mil orgasmos simultâneos". Consideram que o crack é a droga que "bate mais forte", que "vai mais fundo".

Essa euforia dura menos de dez minutos e é seguida de uma repentina e profunda depressão. Os usuários se sentem cansados, com fome e muito sensíveis à luz e aos barulhos.

Ficam cada vez mais na fissura, com desejo intenso de fumar novamente. O uso repetido leva à necessidade de aumentar progressivamente a dose.

Fumantes regulares de crack apresentam comportamento irritadiço, com alterações do humor, e às vezes usam outras drogas — como benzina, álcool e maconha — para aliviar a depressão imediata.

OS EFEITOS PREJUDICIAIS

Fumar crack ou merla é extremamente danoso para o pulmão e está associado a fortes dores no peito, bronquites e asma. As mulheres grávidas correm o risco adicional de darem à luz os chamados "bebês do crack", os quais manifestam sintomas de síndrome de abstinência logo nos primeiros dias.

Por causa da euforia intensa e instantânea que provoca, o crack é grande estimulante, principalmente para as pessoas que não se sentem muito bem consigo mesmas. O interesse sexual diminui de forma marcante.

O consumo progressivo de merla ou crack pode levar a comportamentos paranoicos violentos, agressivos e bizarros. É a chamada *noia* — um dos traços típicos do usuário de crack.

A dependência da droga é extremamente severa. Além dos riscos já citados, seus usuários correm todos os riscos associados ao uso da cocaína.

A LEI

Perante a lei, crack e merla são iguais à cocaína.

Mais de um terço dos jovens que usam crack se envolvem em tráfico de drogas. Quase a metade dos usuários apresentam antecedentes de envolvimento com a polícia.

28. A cena do tráfico

No Brasil, no decorrer do ano 2011, a Polícia Federal retirou de circulação 174.224,38 kg de **maconha**; 259.092 unidades de *ecstasy* e 24.154,70 kg de **cocaína, pasta base** e **crack** somados. Veja as quantidades apreendidas em 2005, 2008 e 2011:

ALGUMAS DROGAS APREENDIDAS

	2005	2008	2011
Maconha (kg)	151.044,80	187.109,75	174.224,38
Pés de maconha (un)	1.544.680	2.904.746	1.335.607
Sementes de maconha (kg)	323,98	47,78	43,83
Haxixe (kg)	93,96	300,52	250,56
Cocaína (kg)	15.656,84	19.617,41	
Crack (kg)	125,75	373,53	
Pasta base de cocaína (kg)	302,37	305,99	
Cocaína + crack + pasta base (kg)			24.154,70
Ecstasy (un)	52.144	132.621	259.092
Lança-perfume (fr)	51.154	3.929	17.220
Heroína (kg)	13,42	11,53	1,36
Psicotrópicos (un)	20.597		2.213

Legenda: (kg) quilogramas; (u) unidades; (fr) frascos.
Fonte: Coordenação-Geral de Polícia de Repressão a Entorpecentes – CGPRE (2005 e 2008); Departamento de Polícia Federal (2011).

USUÁRIOS QUE VIRARAM PASSADORES

UM GAROTO DE 14 ANOS, NA ESCOLA...

"Passei a comprar. Ia em favelas e afins. Tinha medo, mas também era um barato. Quando você é moleque não pensa muito no que pode dar errado. É adrenalina, sei lá. Andar no submundo do crime tem um lado meio sedutor para um moleque. Mas eu não era dos que mais iam. Uns amigos eram meio designados pra ir. Você não leva todo o mundo pra visitar o traficante, tem um cara que negocia, vai sempre a mesma pessoa.

Teve uma época em que a gente, pra pagar o nosso, começou a montar meio que uma mafiazinha. Comprava barato e traficava, fazia uns lances, tinha um representante em cada colégio.

Unia a turma que fumava, comprava a remessa, levava, dividia, só que era todo mundo amigo. A gente lucrava bastante, mas fazia mais pro nosso próprio uso, pra não ficar com quantidades enormes de maconha em casa e também pra comprar outros tipos e ter variedade.

Era um lance só entre amigos e ninguém nunca desconfiou.

Com a cocaína começou assim: o cara de quem a gente comprava maconha tinha um irmão que vendia cocaína e que rodou, foi preso. Mas, antes, deixou 1 kg de pó na casa do irmão, esse que vendia maconha. Aí, quando a gente foi comprar, ele falou: 'Ó, meu irmão deixou esse negócio aí'. Mas ele não tinha ideia da quantidade que se vendia, o preço, nada. Cocaína é muito mais cara do que maconha. E esse cara tinha 1 kg de cocaína pura! 'Leva aí.' E a gente dava 30 paus e o cara pegava umas colheres de sopa e vendia. Ele vendia como maconha, uns sacos grandes. Puta, o pessoal adorava!"

UM GAROTO DE 18 ANOS, NOS BARES E ESCOLAS...

"Comecei a vender com 15 anos. Vendia muito mais para homens do que para mulheres. Sempre reparei que as mulheres, em sua maioria, pedem para o homem pegar. São poucas as que compram direto na boca, um lugar de risco.

Eu vendia em bares, tinha freguesia certa do pessoal que aparecia procurando ou então gente indicada pelo traficante pra quem eu trabalhava.

Vendia também na escola em que eu estudava, mas nunca pra molecada. Nas favelas, onde eu pegava a droga, vi muita criança de 5, 6 anos fumando, viciadas em pedra, e isso me virava o estômago.

Eu pegava em grande quantidade. Comprava fiado, mas não dava pra vender fiado. Se você pega uma quantidade grande, o risco de alguém te matar ou fazer alguma coisa com você é muito grande. Já vi quatro pessoas morrerem por causa de R$ 5 ou R$ 7.

Quantidade pequena não dá pra vender fiado, você acaba sendo prejudicado, e não vai sair atrás da pessoa que lhe deve quando você não é um bandido de carteirinha. E eu não era bandido de carteirinha. Se vendesse fiado, ia acabar tomando um bonde e fazer o quê?

Numa favela, tem uma ou duas pessoas que são escaladas pra comandar o tráfico ali. A partir delas, tem outras quatro ou cinco que fazem a distribuição para todos os aviõezinhos que trabalham na favela. E é dinheiro na mão e toma lá dá cá. Agora, o chefe mesmo do tráfico, ninguém sabe quem é.

Certa vez eu comprei 1 kg de cocaína pura e transformei em 7 kg misturados. No Brasil, os caras não sabem usar cocaína pura, podem até se matar cheirando, estão acostumados com a coisa misturada.

Eu tinha muito dinheiro, mas todo o dinheiro que entrava, saía também muito fácil.

Já fui abordado diversas vezes pela polícia. Cheguei a apanhar quando não tinha nada em cima. Fiquei cheio de hematomas. Mas não podia nem me queixar, porque como eu estava sempre por ali, perto da boca, na hora em que voltasse, estava perdido. Tenho medo da polícia, mas antes dos 18 anos, eu fazia absurdos: atravessava a cidade com 2 kg de maconha numa mala,

A cena do tráfico

163

ia buscar pedra na 'boca' com uma mochila cheia de cocaína... Era completamente irresponsável.

Também tive problemas com traficantes, foi barra. Hoje eu não vendo mais nada, parei há muito tempo, mas nunca me achei um criminoso. Não sei, posso ter um pensamento doente, mas é assim que eu penso. Acho que é errado vender pra uma pessoa que está sem condições, perdido, alucinando, que não sabe nem por que está ali. Agora, vender pra gente consciente, que trabalha, que faz as coisas... Por exemplo, o cara chega do trabalho cansado e usa um baseado pra relaxar. Não me parece nada errado. Depende do contexto."

DEPOIMENTO DE UM DELEGADO DA POLÍCIA FEDERAL QUE PREFERIU NÃO SE IDENTIFICAR

"O Brasil é hoje um corredor de todas as drogas. Elas vão para Europa e Estados Unidos. Do volume que passa por aqui, não se sabe que percentual fica para o consumo interno, não há como medir o quanto isso representa do total apreendido.

O que há é o reflexo na sociedade: crianças cada vez mais novas mexendo com drogas, o desamparo que se vê nas ruas, famílias desestruturadas etc.

A única droga que o Brasil produz é a maconha, o restante o país não produz. Grande parte da maconha no Brasil é cultivada na região do vale do rio São Francisco. Já foram disseminadas várias plantações nas ilhotas daquela região.

O Brasil não exporta. Toda a produção de maconha é para o consumo interno.

O que é um grande traficante e o que é um pequeno traficante? Grande é aquele que faz tráfico uma vez por mês de 200 kg ou é aquele que faz todo dia 2 kg? Qual é o grande e qual o pequeno? A lei não determina essas medidas.

Sabemos que quanto maior o poderio do traficante, mais ele se organiza de forma que ele próprio não põe a mão na mercadoria. Ele não corre risco de estar numa situação que pode ser abordado pela polícia e autuado em flagrante. Ele, o financista, delega competências e usa seu poder econômico para corromper os mais diversos setores da sociedade e faz uma escala de subalternos. Nele mesmo, dificilmente se chega.

Ninguém põe uma bandeirinha: 'Eu sou traficante'. Quem de fato coloca a mão na droga é pessoa próxima, de extrema confiança do financista. Tanto que quando a Polícia Federal desbarata uma organização criminosa, ela não para. Sempre vem gente que ocupa o lugar daquele que foi preso.

Não se sabe quantos trabalham entre o financista e o usuário. Isso depende do tipo de droga e do seu destino: se é para consumo interno, é um sistema; se a rota é para o exterior, é outro sistema.

Por exemplo, a cocaína pura, geralmente quando vem da fonte produtora, pode se agregar a ela n componentes químicos para aumentar o peso. De 1 kg, o cara faz 5. Cada um que pega a cocaína vai fazendo uma nova mistura, para ganhar mais em cima, até chegar no último usuário.

A *overdose* geralmente está ligada ao desconhecimento do grau de pureza da droga. O usuário está acostumado a consumir um papelote de 5 g de cocaína, só que não são 5 g: 1 g é cocaína e 4 g são outra substância qualquer. Um dia, ele dá uma cheirada em 5 g de cocaína pura e morre. Ele nem queria se matar e nem estava tão loucão querendo cheirar mais do que estava acostumado. Às vezes ele era cliente de um fornecedor que lhe dava um produto de baixa qualidade e, um dia, esse mesmo fornecedor ou outro lhe dá uma mercadoria de melhor qualidade, e o cara morre de *overdose*."

Os chefes do tráfico podem não ser usuários

"O usuário dependente compra e vende para a roda dele superfaturado e percebe que pode ter o seu vício de graça.

Hoje, todo dependente é um traficante em potencial, mas nem todo traficante é usuário. Tem traficante que não consome

A cena do tráfico

nada. Trabalha com a droga como se ela fosse uma mercadoria, como se vendesse batata, açúcar. Ele tem o tráfico como atividade de vida, é um emprego, um grande negócio.

Os financistas estão nos setores mais importantes da sociedade. É gente que a gente não desconfia, que usa seu poder corruptor tanto em países socialmente desorganizados como também nos EUA, que são um modelo de democracia.

Os EUA gastam uma fortuna no combate ao tráfico, mas, ao mesmo tempo, são os maiores consumidores, os que incentivam a produção das substâncias psicoativas. Há notícias também de que, quando é do interesse deles, para fortalecer a hegemonia americana, seus órgãos secretos colaboram com os narcotraficantes no Sudeste da Ásia, no Oriente Médio e na América Latina.

Sei que a Polícia Federal não vai vencer a batalha contra o gigantismo do tráfico, mas cada apreensão que a gente faz é uma vitória."

29. Fatos
Ópio

Ópio é uma palavra que vem do grego e significa "suco". O suco extraído da cápsula da planta *Papaver somniferum*, mais conhecida como papoula do Oriente, depois de seco, era chamado pó de ópio e usado na fabricação de muitas substâncias com fins medicinais, que agem no organismo diminuindo a atividade do sistema nervoso central. As mais conhecidas são a morfina e a codeína.

Todas as drogas feitas a partir da papoula são chamadas opiáceas. Drogas semelhantes, sintetizadas em laboratórios, são chamadas opioides.

Os remédios à base de ópio foram bastante difundidos e usados como calmantes, analgésicos, depressores de acesso de tosse, mas a mortalidade resultante deu motivos para preocupações.

HEROÍNA

SUA HISTÓRIA

Na Antiguidade, o ópio ofereceu alívio para egípcios, gregos, persas e romanos. No século XIX, na Europa, seu uso se difundiu por diversos países, e escritores como Thomas de Quincey, Samuel Coleridge, Wilkie Collins e Charles Dickens, entre outros, tomaram ópio. A droga então era barata, acessível e comum a todas as classes sociais. Depois da Primeira Guerra Mundial, os medicamentos que se valiam do ópio foram proibidos na Inglaterra.

A heroína, feita a partir da morfina, é um opiáceo semissintético. Inicialmente pensou-se na heroína como um medicamento para a cura dos viciados em morfina, mas descobriu-se que ela é três vezes mais poderosa e sua fabricação e uso médico foram proibidos no mundo todo.

Na Inglaterra, durante a década de 1960, o número de consumidores de heroína cresceu em larga escala. Ainda hoje seu uso causa, a cada ano, centenas de mortes na Europa e EUA, como aconteceu com o gênio do jazz Charlie Parker (Bird), que morreu aos 34 anos de *overdose* de heroína.

SUAS FORMAS

A heroína pura é um pó branco, mas nas ruas seu tom é mais próximo do marrom. Ela pode ser injetada, cheirada ou fumada. Para fumá-la, a droga é colocada sobre uma folha de alumínio e aquecida. A fumaça é aspirada por um outro pedaço de papel alumínio, enrolado como um canudo.

Na Inglaterra, a pureza da heroína nas ruas vai desde 10% até 80%. Em geral os passadores são também usuários, que adulteram a droga a cada etapa.

No Brasil, quase não há heroína, e quando aparece é de baixíssima qualidade.

SEUS EFEITOS

O uso de heroína provoca uma sensação de entusiasmo e bem-estar, na qual a ansiedade e a dor desaparecem. Sua pele pode coçar, você pode cochilar e acordar várias vezes. Na primeira vez, o usuário pode sentir seus efeitos colaterais desagradáveis e imediatos, como a náusea e o vômito.

OS EFEITOS PREJUDICIAIS

Estudos sugerem que as pessoas que usam heroína e outros opiáceos correm um sério risco de ficarem física e psicologicamente dependentes. Além disso, estão expostas ao perigo de uma *overdose*, de contraírem infecções ou sofrerem acidentes graves.

Danos corporais são comuns, causados pelas repetidas injeções com agulhas sujas e pelas outras substâncias que costumam ser misturadas à droga. As chances de morrer aumentam bastante se outras drogas, como o álcool, forem usadas simultaneamente.

Usuários regulares de heroína apresentam saúde fraca por causa de uma dieta inadequada. Sofrem de prisão de ventre e as mulheres têm frequentemente seu ciclo menstrual interrompido.

A abstinência pode ser extremamente desagradável, com o aumento da ansiedade, impaciência e irritabilidade. A pessoa começa a bocejar, fica tensa e suando; seus olhos lacrimejam e espirra com frequência. Pode sentir náuseas, dores no estômago e, às vezes, uma incontrolável diarreia. A pele fica pálida, fria, úmida, coberta de calos. Tremedeiras e dores nos ossos e nos músculos, terror e insônia completam o quadro.

Esses sintomas atingem seu auge no segundo ou terceiro dia e diminuem, gradualmente, nas semanas seguintes. A vida da maioria dos dependentes está organizada de maneira a assegurar que a abstinência nunca ocorra.

A LEI

No Brasil, o tráfico de heroína pode levar a até 15 anos de prisão. Na Inglaterra, a pena para tráfico de heroína é a prisão perpétua.

XAROPES E GOTAS PARA TOSSE

Existem xaropes e gotas para a tosse que têm em suas fórmulas a codeína, que é um opiáceo natural. Esses remédios possuem muitos nomes fantasia, como Belacodid, Belpar, Codelasa, Gotas Binelli, Pambenyl, Setux e Tussaveto.

Outros xaropes antitussígenos feitos com zipeprol, que é um

opiáceo semissintético, foram retirados do mercado brasileiro e tiveram sua fabricação e venda proibidas a partir de 1991.

A porcentagem de estudantes de Ensino Fundamental e Médio que usa essas drogas não ultrapassa 1%.

SEUS EFEITOS

Quem usa xaropes à base de codeína ou zipeprol experimenta sonolência, como se estivesse flutuando, e tem o ritmo da respiração e dos batimentos cardíacos diminuídos. O usuário também pode ver ou sentir coisas diferentes.

Há sempre o perigo de, para sentir os mesmos efeitos, aumentar cada vez mais a dosagem.

OS EFEITOS PREJUDICIAIS

Além de dilatar a pupila — o que é um risco para quem precisa dirigir ou operar máquinas —, essas drogas podem causar prisão de ventre, enjoo e sensação de estufamento.

Altas doses de codeína inibem consideravelmente o sistema nervoso central. Em consequência, a pele esfria, o usuário fica quase sem respiração e com a cor meio azulada, podendo entrar em estado de coma e até morrer.

O zipeprol também pode provocar convulsões.

A abstinência pode levar a inquietação, irritabilidade, calafrios, cãibras, cólicas, coriza e insônia.

A LEI

Xaropes e gotas à base de codeína só podem ser vendidos com receita médica. A receita deve ficar retida na farmácia para controle das autoridades sanitárias.

30. **Fatos**

Anabolizantes

Durante a década de 1990, o culto à forma física difundiu-se amplamente entre jovens e adultos, que passaram a frequentar as inúmeras academias de ginástica nos grandes centros urbanos. No entanto, para muitos, a atividade física tornou-se um "vício", e os esteroides anabolizantes, que aumentam a massa muscular, passaram a ser usados de forma indevida.

Anabolizantes são drogas fabricadas à base de hormônio masculino, a testosterona. Esse hormônio é naturalmente fabricado pelos testículos e os medicamentos, em geral, são indicados por médicos quando há um déficit no organismo.

Muitos jovens em todo mundo, principalmente os homens, fazem uso dessas drogas. Não são raros casos de atletas que usam anabolizantes, por isso o Comitê Olímpico Internacional relacionou 20 dessas drogas que os atletas não podem usar, ou serão punidos.

Mais de 1 milhão de jovens já fizeram uso indevido de anabolizantes nos EUA. No Brasil, não há uma estimativa.

SEUS NOMES

Os principais medicamentos à base de anabolizantes são Androxon, Durateston, Deca-Durabolin. É comum outros tipos serem contrabandeados e vendidos ilegalmente em academias e farmácias.

SUAS FORMAS

Às vezes, o usuário mistura mais de uma droga (comprimidos ou injeção) e toma exageradamente durante 6 a 12 semanas. Em geral, a dosagem é muito superior à que seria recomendada pelos médicos.

OS EFEITOS PREJUDICIAIS

Se você usar frequentemente anabolizantes pode ficar com uma severa acne, sentir dores nas juntas, ter tremores e aumento da pressão sanguínea. Podem surgir tumores no fígado e você pode ter dificuldade para urinar.

No homem, também pode acontecer de os testículos diminuírem, haver uma redução de espermatozoides e o aumento da próstata. A impotência é outro risco. As mamas crescem e o cabelo cai.

Na mulher, há alteração do ciclo menstrual e podem começar a crescer pelos no rosto, os seios diminuem, a voz fica mais grossa e o clitóris aumenta.

Você, de repente, pode sentir uma raiva incontrolável.

Nas academias, ao injetar e compartilhar seringas, você também corre o risco de contrair os vírus da AIDS e da hepatite.

31. Armando Tambelli Júnior

Orientador Educacional da Escola da Vila,
em São Paulo.

O uso de drogas

"Acho que está havendo uma supervalorização, um super-dimensionamento da questão do uso das drogas. Mas não há como negar que é um assunto que desperta esse tipo de reação, principalmente quando, num primeiro momento, ele se apresenta com a aparência de descontrolado.

O uso de drogas é sempre impactante para a família, mexe com valores, com a estrutura, mesmo em famílias em que a questão da droga já pode ter sido falada ou até, eventualmente, os pais façam uso de alguma maneira — em alguns casos até na frente dos filhos ou com eles — ou, em outros casos, sem que os filhos vejam, mas que saibam que o consumo acontece — o que não é um número insignificante, mas também não é grande.

Às vezes, isso escapa do controle habitual que estava existindo, e a droga acaba sendo utilizada de forma indevida por adolescentes, que não conseguem avaliar o risco que estão correndo ao consumir na rua, ao consumir numa festa sem nenhum tipo de controle, ao misturar as coisas, ou sem que percebam o tipo de compromisso que estão assumindo; pois se você pega de alguém, que pegou de alguém, que pegou de alguém, e se você conhece até o 3º ou 4º, já tem um nível de comprometimento com o tráfico que é muito maior do que pode imaginar e avaliar."

A reflexão na escola

"Na 7ª ou na 8ª série, quando o adolescente começa a experimentar, a usar eventualmente — e hoje isso está acontecendo cada vez mais cedo —, abordamos essa questão intrafamiliarmente: qual a postura da família, como você faz para identificar o uso, qual a discussão que precisa existir, o que está acontecendo com o adolescente nesse momento, questões individuais, íntimas, da tolerância, do prazer, da frustração, do rompimento dos limites, do testar isso e aquilo.

No Ensino Médio, esse tipo de abordagem necessariamente não é o mesmo. Nesse nível eu procuro discutir mais o que significa alguém com 15 anos, com 18 anos, 25, 40, 60 anos enrolar um baseado. Existem injunções, compromissos políticos, morais e sociais muito diferentes.

No Ensino Médio, muitos adolescentes já não consomem só eventualmente; já têm um hábito e um esquema montados para que aquilo possa acontecer de determinada maneira. O jovem vai aprendendo formas que não o exponham em demasia. Mas ainda acontece, por imprudência e não maturidade com relação ao uso, de chegar ao limite em que, de repente, perde o controle da situação.

A grande questão com o jovem nessa idade é que ele acha que tem esse controle sobre a situação. Mas quando vai ver, não tem mais. Seja pela própria dependência que se cria — psicológica e clínica —, ou pela questão social, porque pode chegar a polícia e acabar com a festa e o jovem não pode fazer nada. Todo o controle que ele acreditava ter, entrega na mão de alguém. E aí, ou ele mesmo vai ser achacado pela polícia, ou a família vai ser achacada, ou vai ter de ir para a delegacia, ou — suponhamos que aconteça de a lei ser cumprida nessa hora —, terá de comparecer diante do juiz, esperar o promotor público falar, terá de se apresentar em juízo, os pais vão levar o maior sabão... É a maior vergonha. Tudo escapa completamente do controle dele."

Expulsão

"Acho que a escola não deve expulsar o usuário, mas deve sinalizar fortemente para a comunidade escolar que o consumo de drogas não é admissível.

Se a escola não colocar um limite muito claro, não provoca a reflexão no indivíduo, não responsabiliza o aluno em relação ao seu uso. É similar ao pai que não reprova. Mesmo que o pai faça uso, ele tem de reprovar o uso no filho, porque senão não leva o jovem a uma reflexão. O filho tem de pensar se vai chegar em casa com os olhos bombados, se vai chegar com alguma coisa no bolso, que se o pai pegar vai dar o maior rolo, senão ele não para para a reflexão.

Um aluno que já tem um histórico, cujo comportamento já foi discutido várias vezes, que foi feito um encaminhamento, que se tolerou etc., e ele pode optar por não fazer, mas resolve fumar maconha no banheiro da escola, e ainda leva alunos menores, mais novos do que ele, está agindo com intuito deliberado. Nesse caso a atitude mais sensata da escola é o afastamento do aluno, de certa forma até para a proteção dele.

Até que ponto a pessoa pode usar droga e isso não funcionar de maneira autodestrutiva? Essa é uma questão colocada pelos pais. Porque, evidentemente, esse aluno que fuma na escola está agindo autodestrutivamente: ele sabe que vai ter problemas.

Quem chega a esse ponto é o cara que diz que controla tudo, mas já fuma maconha e usa outras drogas todo dia, de manhã antes de ir para a aula, quando volta da escola, qualquer espaço, já está na fissura, então a vida já é um peso pra ele."

O problema

"O que percebemos é que a droga não é causa, é sempre consequência de *n* fatores. Quando ela se instala morbidamente na pessoa, no quadro de vida da pessoa, é porque ali já existia uma condição mórbida anterior, dada por outros fatores que não foram identificados pela família ou pela comunidade em quem vive.

Eu trabalhei muito tempo com uma ONG na Casa de Detenção, no Pavilhão 9, com muitos jovens que a droga, ou as consequências da droga, jogou diretamente lá. É onde, curiosamente, a explicação social para o uso da droga é a mais plausível, o quadro de morbidez daqueles indivíduos é enorme, a quantidade de recalque, de ressentimento, de frustração, de não realização, de desassistência, é completa. Aquele jovem não teve educação,

Armando Tambelli Júnior, orientador educacional

saúde, não teve nada, nenhum tipo de atenção; viveu e vive o abandono material e humano.

No Brasil, falar que a pessoa tem um quadro de depressão na família, que tem suicida, alcoólatra, homossexual e, às vezes, até desquitado, é um grande tabu. Essas coisas, que são parte da nossa dinâmica humana, são muito difíceis de aceitar. Humanamente, temos esses problemas que têm de ser encarados, administrados. Infelizmente não temos saúde pública, nem trabalho de prevenção nesse aspecto.

Assumir a morbidez, o quadro depressivo de um filho, é assumir que a família tem suas incongruências, o que é muito difícil fazer. Mas ignorar só agrava a situação."

Uma questão social

"Atualmente, o tráfico movimenta cerca de US$ 500 bilhões no mundo. É uma coisa que não pode ser desconsiderada, tem de haver uma mobilização política para ver o que vai ser feito, como uma sociedade enfrenta isso coletivamente.

Por isso, na discussão com a molecada, não dá para considerar um baseado um grande problema político, mas também não dá para não considerar.

Veja a bebida. É vergonhosa a quantidade de propaganda dirigida para o jovem e o Estado não se posiciona com relação a isso. Por isso, no Ensino Médio, temos mais condições de discutir o viés político. E o aluno tem mais condições, material e dimensão crítica para entender o problema. Tem mais liberdade para sair e ver as coisas que estão acontecendo.

Pessoalmente, não gosto de ver de uma forma histérica esse problema das drogas. A visão policialesca e a médica são as duas últimas com que você tem que se preocupar. Antes disso, tem muita coisa para abordar e alternativas para considerar. Me parece que a questão existencial vem antes."

32. **Dorot Wallach Verea**

Psicóloga da Associação Pró-Saúde Mental
(PROSAM)

Como a família pode prevenir?
"Eu começaria dizendo que os pais não são onipotentes. A gente faz o melhor que pode. Mas nada dá garantia de que seu filho não será um dependente.

A segunda coisa é dar o exemplo. Não adianta eu falar para o meu filho não usar drogas ou não querer que ele use drogas, enquanto eu só consigo dormir com Lexotan, ou meu marido só se tomar uísque, ou então se eu passar o meu fim de semana vendo televisão, tendo comportamentos viciantes, não só em relação às drogas, mas se estiver descarregando toda a minha energia numa coisa só, se não tiver pluralidade na minha vida.

Ou seja, em primeiro lugar está a questão da onipotência dos pais. Em segundo lugar, é preciso dar o exemplo procurando ter um nível de vida saudável. Se eu tiver um padrão de vida saudável, isso vai fazer parte da cultura da minha família. Então eu estarei fazendo prevenção.

Em terceiro lugar, é preciso conversar com os filhos e buscar informação. Não falar bobagem só por falar, para amedrontar. O amedrontamento é uma estratégia que foi muito utilizada em prevenção e que não funciona. O melhor é estar informado. Existem muitos livros simples para pais, que tratam as drogas de forma objetiva e científica, sem falsos moralismos e sem sensacionalismo.

Se os pais estiverem preocupados com essa questão na escola, devem pedir aos orientadores ou diretores para chamarem um profissional que possa dar uma palestra sobre o tema para os adultos.

Não ficar pondo medo em seus filhos, e sim procurar estar sempre conversando, não lembrar que tem filhos só na hora de dar bronca por causa da escola, ou na hora em que aparecerem problemas de drogas. Mas acompanhar a vida deles em todos os aspectos, e também estar contando sobre a sua vida.

Acredito que é importante desenvolver a capacidade crítica, de reflexão, das crianças e dos adolescentes. Os adolescentes têm uma capacidade enorme de desenvolver análise crítica. Portanto, no momento de falar sobre drogas é interessante questionar, ver que ideias eles têm sobre o assunto. Conversar, refletir junto. Tratar o adolescente não mais como criança. Perceber que ele não é criança e que não quer ser tratado como tal.

Através dessas relações com os pais, os filhos percebem que podem optar por dizer sim ou dizer não, aprendem a tomar suas próprias decisões. Se não houver essa reflexão anterior, a probabilidade de 'Maria ir com as outras' é enorme."

Como a escola deve agir?

"Acho que a escola não deve expulsar o aluno que usa drogas, mas é claro que tudo tem limites. Se uma pessoa tem problemas de uso de drogas mas está na escola, está mantendo vínculos com a vida. Vínculos saudáveis. Se eu quebro o vínculo saudável que ela tem, vou deixá-la à mercê das drogas cada vez mais.

Sabemos que 8% a 12% da população têm problemas de dependência química. Problemas que podem começar na escola ou mais tarde. A escola, ou a empresa, é uma minissociedade. Tudo o que tem na sociedade tem na escola. Uso de droga tem fora? Tem dentro da escola também. Maldade, roubo tem fora? Tem dentro da escola também. Tudo o que tem fora, na sociedade, tem dentro da escola, e não tem por que não ter.

Se a escola mandar embora o aluno que usa drogas, vai aparecer outro. Porque a escola é uma minissociedade, ela não vai se livrar do problema expulsando. A questão é como lidar com essa situação, e existem diversos programas de prevenção a ser implantados. Nós, aqui no PROSAM, implantamos programas de prevenção nas escolas. Não um programa pronto, mas um referencial e uma técnica que vão ser adaptados a cada realidade, a cada cultura, contexto, região, de acordo com o diagnóstico feito para aquela escola ou empresa.

Existem escolas onde o problema básico é a violência, em outras são os casos de gravidez na adolescência. A prevenção não é direcionada apenas para o uso de drogas, é relacionada à qualidade de vida, à valorização da vida de uma forma geral. O trabalho de prevenção deve ser construído a partir da realidade local, podendo ser destacados temas como violência, sexualidade, drogas, dependendo dos recursos disponíveis e dos alunos."

Dorot Wallach Verea, psicóloga

33. # Dr. Auro Danny Lescher

Coordenador do Projeto Quixote.
É psiquiatra e, desde 1994, trabalha com
crianças e jovens em situação de risco
nas ruas das grandes cidades.

Qual o problema?

"A desigualdade social no Brasil é uma das maiores do mundo. Historicamente, isso vem piorando, e mais e mais meninos e meninas privados de uma série de possibilidades acabam na rua ou vivem em favelas, onde crianças de 5, 6 anos, viciadas em crack, pegam dinheiro dos carros que passam e entregam a droga, como se fosse um *drive-thru* de sanduíches.

O crack é dez vezes pior do que a cocaína, descola a pessoa da realidade e faz com que ela funcione num círculo vicioso de fissura, consumo, fissura, consumo, onde o que importa é exatamente o que eu estou sentindo aqui e agora."

Há solução?

"No Projeto Quixote, nós trabalhamos em três eixos: pesquisa, ensino e assistência. As crianças e os jovens chegam aqui por encaminhamento de educadores, através de indicação de outro jovem no abrigo, na rua, e pelo trabalho realizado na rua por educadores, como oficinas de artes, além das idas ao centro para rever as pessoas que 'recaíram', isto é, 'voltaram' ao consumo de drogas. Digo isso entre aspas porque as recaídas fazem parte do processo de recuperação.

Segundo Claude Olievenstein (fundador do Centro Marmottan de Paris, de recuperação de drogados), há uma mescla de três elementos básicos presentes no consumo de drogas:

- A substância farmacológica;
- As características da subjetividade psicológica de quem está consumindo;
- O contexto sociocultural desse consumo.

No caso da criança que está em trânsito pelas ruas, dos três elementos, aquele que chama mais atenção é o contexto sociocultural.

O consumo de substâncias psicoativas por essa população, no centro da cidade, não tem nada a ver com o problema de toxicomania. Não vamos medicalizar uma situação que é social.

No Projeto Quixote, percebemos que as respostas são muito rápidas quando oferecemos uma alternativa ético-estética com oficinas de teatro, ateliê de artes plásticas, esporte, condições para o resgate de referências familiares, e propomos um acompanhamento com membros da comunidade, com educadores que têm contato direto com essas crianças e adolescentes. Percebemos que 'criança prefere empinar pipa a pipar pedra'. A partir do momento em que elas têm as respostas mais primárias para suas questões íntimas, e têm um lugar onde dormir, onde tomar banho, trocar afeto, comer, desejar, criar, desenhar etc.; a partir do momento em que é oferecido um outro circuito de sociabilidade alternativo àquele da rua, a droga passa a não fazer mais parte da vida dessa criança, desse jovem.

O que propomos é que a sociedade crie mecanismos alternativos realmente interessantes para esses adolescentes."

A situação vai piorar?

"Por conta de nosso moralismo e de formas estereotipadas de lidar com questões que nos deixam de cabelo em pé, como sexualidade e drogas, no começo da década de 1980, quando ocorreram os primeiros casos de infecção pelo HIV, localizou-se o problema como sendo exclusivo de grupos de risco, principalmente gays e drogados.

Dr. Auro Danny Lescher, psiquiatra

Houve toda uma postura na sociedade, no mundo inteiro, de que era 'a peste', 'Deus estava enviando esse vírus para purificar a raça humana, para tirar do nosso convívio esses desajustados sociais'.

Foram necessários dez anos para que os pesquisadores de saúde pública começassem a ver o grande equívoco — para mim, a maior comida de bola da medicina no século XX — que contribuiu para a pandemia que estamos vivendo.

Se, naquele momento, todas as iniciativas de prevenção do mundo inteiro saíssem desse paradigma de 'grupo de risco' para 'comportamento de risco', teria havido uma mudança qualitativa do problema.

Comparo o que vivemos com a AIDS com o que estamos vivendo com as drogas. Se continuarmos com o olhar moralista, recheado de informações sensacionalistas e estereotipadas, novamente estaremos tapando os olhos e deixando que o mal se alastre. Culpamos a substância, como se ela fosse a causa da dependência, e achamos que é um assunto ligado às camadas mais pobres e marginalizadas da sociedade.

Estamos demorando para ver que o problema está no comportamento de risco e demorando para fazer uma grande campanha de prevenção, com ensinamentos para redução de danos e oferecendo alternativas de socialização para os jovens e as crianças.

Colocamos em discussão este olhar e, felizmente, ele tem tido muita aceitação. Temos trabalhado com mais de 500 educadores que perceberam que havia possibilidade de outras ações quando tiveram acesso a outras formas de olhar. Isso é muito bom, esse tipo de trabalho tem escuta e desdobramento de ações mais sintonizadas com a dinâmica da nossa história."

34. Dr. Dartiu Xavier da Silveira

Psiquiatra, coordenador do Programa de Orientação e Atendimento a Dependente (PROAD)

As drogas devem ser eliminadas da face da Terra?

"Nosso modelo de trabalho contrasta um pouco com a maioria dos modelos que existem no Brasil, porque é focalizado na dependência e não na substância. Tanto do ponto de vista do tratamento quanto da prevenção, a gente não combate a droga, combate a dependência.

Mais de 90% das pessoas que usam maconha não se tornam dependentes. É um contrassenso você fazer uma guerra à maconha, querer eliminá-la da face da Terra, quando a grande maioria dos que a usam não se tornam dependentes. O problema não é a maconha, e sim a relação de dependência que algumas pessoas estabelecem com a maconha. Esse é nosso foco de atenção.

O usuário ocasional de maconha — o indivíduo que experimenta, usa algumas vezes e depois abandona sozinho, sem auxílio — interessa apenas como curiosidade científica, não é nosso objeto de trabalho. Existem ainda aquelas pessoas que podem usar durante anos mas ocasionalmente, como acontece com o álcool. A maioria dos que usam o álcool não é alcoólatra. É o mesmo enfoque."

O que é pior: a droga legal ou a ilegal?

"Para o PROAD não faz diferença o fato de a droga ser legal ou ilegal. O importante é como o indivíduo estabelece uma relação com a droga. A maioria dos serviços no Brasil tem uma atitude muito tolerante com drogas lícitas como o álcool e atitudes intolerantes com drogas ilícitas como a maconha, por exemplo. Quando, na verdade, do ponto de vista científico, o álcool é muito mais perigoso do que a maconha."

Quem é atendido no PROAD?

"É muito diversificado o perfil das pessoas que nos procuram. Temos pessoas desde 10 até 65 anos de idade. Mas a média é o adulto jovem de 20 a 30 anos, mais homens do que mulheres, de todas as classes sociais, desde pacientes que não têm endereço até os que vêm ao PROAD com carro importado.

A maioria é dependente de cocaína, crack ou álcool. Temos também dependência de calmantes, de anfetaminas. Dependentes de derivados do ópio são bem mais raros.

As crianças, em sua maioria, são dependentes de crack. O álcool aparece mais tardiamente. Não que o adolescente não use o álcool, usa e usa abusivamente, mas ele ainda não é dependente, porque a dependência do álcool demora em média 10 anos para se instalar, ao passo que a dependência do crack se instala em um mês ou mais."

Se você fumar crack uma vez, já fica dependente?

"Não, isso é um mito. Encontrar um usuário ocasional de crack — como há o usuário ocasional de maconha ou de álcool — é muito mais difícil, mas não existe essa coisa direta de 'você fumou então vai ficar dependente'.

O crack é uma droga com um potencial de dependência muito grande, dos mais graves. Heroína também, mas quase não temos no Brasil. *Ecstasy* temos bastante, mas só encontramos o usuário quando fazemos trabalho de prevenção por aí. As pessoas não chegam ao PROAD com dependência de *ecstasy*. É uma droga que não causa muita dependência, embora ofereça perigo.

Os pesquisadores na Europa têm ficado desesperados porque o crack está chegando lá agora. Consideravam a heroína difícil, mas estão vendo que é mais difícil trabalhar com dependência de crack."

Como tratar a dependência?

"Na fase do tratamento, trabalhamos a dependência, e, na fase da prevenção, vamos evitar que o indivíduo se torne dependente e não ficar policiando o indivíduo que é usuário ocasional, como faz a maioria dos programas de prevenção do Brasil. Para mim, programa de policiamento e perseguição ao usuário ocasional não é um trabalho de prevenção, é fanatismo ideológico.

Quanto ao tratamento, fazemos uma avaliação global do paciente: física, psicológica, neuropsicológica, e, a partir daí, é estabelecido um programa terapêutico individualizado, que pode ter acompanhamento médico, clínico, medicação, psicoterapias (individual, de grupo ou de família), grupo de orientação de pais, terapia educacional, oficinas de arte, de teatro, de pintura, uma série de atividades diferentes."

Qual a situação do dependente no Brasil?

"O dependente carrega uma dupla cruz, porque além de todo problema que a dependência traz, ele se vê numa situação de marginalidade pelo fato de a droga ser ilegal. E a violência ligada à droga é muito mais decorrente do fato de ela ser proibida do que do efeito químico da droga.

O dependente de álcool vai ao supermercado e escolhe sua bebida. O dependente de cocaína ou maconha não tem essa disponibilidade. Tem de ir a uma favela, correr o risco de ser assassinado, além de pagar caríssimo por um produto adulterado com substâncias que fazem mais mal à saúde do que a droga em si.

É um problema sério a situação de violência que a política de criminalização da droga impõe. Por outro lado, nós que trabalhamos com prevenção sabemos que a experiência de liberação geral não funciona.

O álcool, no Brasil, é considerado uma droga liberada geral, porque existem leis que não são respeitadas: um adolescente não poderia comprar álcool, mas compra. Isso é extremamente nocivo. Se se estabelecessem normas que fossem respeitadas, aí a droga seria menos perigosa.

Dr. Dartiu Xavier da Silveira, psiquiatra

Se a maconha fosse liberada e passasse a funcionar como hoje funciona o álcool, seria péssimo. Mas existindo uma forma de controlar, de normatizar o consumo de álcool e de maconha, não seria totalmente ruim uma liberalização."

O que acha das campanhas antidrogas?

"Não trabalhamos na linha de 'diga não às drogas', não fazemos campanha antidrogas, porque existem muitos estudos cientificamente benfeitos no mundo inteiro que comprovam que essas campanhas são ineficazes.

O Pacific Research Institute, em Washington, foi o grupo escolhido pelo governo dos EUA para fazer a avaliação do 'diga não às drogas' em 51 estados norte-americanos. Concluíram que de US$ 15 a 20 milhões usados na campanha foram jogados no ralo, a eficácia foi nula. Não obstante, esse modelo não só continua existindo e sendo copiado no Brasil, como é o principal modelo de prevenção que existe aqui — um modelo cientificamente comprovado que não funciona."

O que causa a dependência?

"Os fatores de risco para a dependência são de diversas ordens. Os fatores sociais, por exemplo. A questão das crianças que não têm família ou uma condição social razoável, que passam fome, vivem nas ruas — uma situação muito adversa, que favorece a dependência de drogas. Dentro do PROAD há um projeto especial para essas crianças, o Projeto Quixote.

Existem fatores familiares: uma família conturbada é fator de risco. No PROAD há programas de orientação familiar. Terapia familiar para quem está em tratamento e orientação familiar para prevenção.

Outro fator de risco é chamado comorbidade psiquiátrica. Estudei uma amostra de dependentes e descobri que 44%, quase a metade, tinha uma doença depressiva grave, e 3/4 deles tinham depressão antes de aparecer a dependência. Então, uma das minhas hipóteses foi definir a dependência como automedicação.

O adolescente que acha a vida um lixo, que é triste, não tem prazer em nada, está tendo um sintoma de depressão, só que na verdade ele não tem um diagnóstico. Um dia ele experimenta cocaína e sente que a vida melhora, as coisas ficam mais interessantes — é como se ele se automedicasse com cocaína.

Esse exemplo de depressão é o mais frequente, mas existem vários problemas que estão associados à dependência de drogas, como os distúrbios neurocognitivos, distúrbios de atenção, de memória, de concentração, que frequentemente não são diagnosticados. Os pais dizem que o filho 'tem a cabeça na lua, é desligado, desinteressado em tudo, é vagabundo'. Esses e outros nomes depreciativos os pais dão para o problema neurocognitivo do filho que tem dificuldade de atenção. Hoje em dia existe medicação para esses problemas. Damos a medicação e na semana seguinte os pais falam: 'O que aconteceu com meu filho? Não o reconheço, ele está atento, cuidadoso, preocupado com as coisas'. O curioso é que, em muitos casos, na hora em que entra a medicação, eles param de usar as drogas, automaticamente."

A maconha é porta de entrada para outras drogas?

"Não, isso é um mito, não tem comprovação científica. A maioria das pessoas que fumam maconha não se torna dependente nem de maconha nem de outra droga.

Essa ideia veio do seguinte fato: se você perguntar para um dependente que droga ele começou a usar, ele vai dizer maconha. Mas a gente não pode esquecer que quem pergunta está de olho nas drogas ilícitas. Nas pesquisas que foram feitas sem esse viés, sem essa tendenciosidade, a porta de entrada é o álcool."

É correto a escola expulsar um aluno que fuma maconha?

"De forma nenhuma. Tenho feito muito trabalho de prevenção em escolas e essa é uma questão que se discute. É claro que fumar maconha na escola não é uma atitude adequada, nem apropriada, nem desejada. Tomar bebida alcoólica dentro da escola também não é.

Dr. Dartiu Xavier da Silveira, psiquiatra

A atitude da escola deve ser a mesma diante de uma droga lícita como de uma droga ilícita: não se pode consumir bebida alcoólica nem droga dentro do limite escolar.

Escolas que tomam atitudes radicais são as que mais têm problemas com dependentes de drogas. Se sou um estudante e vejo que meu colega de turma foi expulso por ter fumado maconha, o que eu vou fazer? Se um dia eu fumar maconha ou tiver problemas com drogas, não vou contar pra ninguém, então meu problema só vai aparecer quanto estiver muito grave.

Quando faz o problema ficar escondido, a escola perde a oportunidade de fazer prevenção e contribui para agravar o fato. A escola que diz que não tem problema com drogas está mentindo. A que reconhece o problema pode fazer alguma coisa para reduzir os danos.

Orientar para a redução de danos é, por exemplo, dizer: 'Se você está bebendo, não dirija'. Isso não significa que você quer que o indivíduo nunca mais beba na vida, você quer que ele não pegue no volante quando beber, quer protegê-lo. Ensinar a beber sem misturar, a não exceder em quantidade, a tomar água sempre ao lado da bebida, isso para que ele possa beber socialmente, sem prejuízos. Acho que a orientação para a redução de danos deveria ser feita para as drogas ilícitas também."

O que os pais devem saber?

"Em geral, os pais acham que é um mau sinal quando os filhos estão muito rebeldes. Não é. A adolescência normal é assim: briga, rebeldia, transgressão — o adolescente precisa fazer isso para crescer. O adolescente de risco não é o rebelde, o adolescente de risco é aquele que não fala nada, que os pais não sabem o que acontece na vida dele, que fica trancado no quarto e se isola totalmente da família. Isso é um sinal de alerta.

Outro sinal de alerta é quando o indivíduo vai perdendo o interesse pelas coisas. Vai mal na escola, larga o esporte, larga as atividades que vinha fazendo e não substitui por outras, não se interessa, fica dispensando os amigos. Isso é um mau sinal.

Os pais devem ficar atentos, mas o que a gente vê frequentemente são os pais vasculhando as coisas dos filhos, cheirando o filho, olhando o olho numa atitude policialesca, meio desconfiada, paranoica. Isso só dificulta e agrava a situação, não funciona, e os pais começam a ver coisas onde não existem. E quando o filho quer esconder realmente, ele esconde.

Outra coisa que eu trabalho junto aos pais para eles não fazerem, tanto durante o tratamento como na prevenção, é não passar sermão. Não fazer discurso moralista, não fazer discurso antidrogas, porque, para quem já usa drogas, esse discurso não tem sentido. Não adianta você chegar para o seu filho que usa maconha e falar que a maconha mata, se ele e todo o grupo dele fuma e nunca ninguém morreu. Ele não vai acreditar no que você está dizendo. E falar que maconha mata para quem nunca usou é uma coisa perigosa, pois se é um adolescente, ele vai ficar curioso. Isso instiga. O efeito é o oposto do desejado."

Como é o trabalho de prevenção com adolescentes?

"Quando comecei a trabalhar com prevenção, há 20 anos, eu fazia palestra. A palestra não funciona. Ela funciona para o grupo de professores, para o grupo de pais, no sentido de elucidar, de tirar preconceitos, mas ela não vai levar a uma mudança de comportamento efetiva no usuário, no dependente.

O que modifica é trabalhar com os fatores de risco de determinada faixa etária ou grupo social. Por exemplo, se estou fazendo prevenção em escola e quero evitar que jovens de 15, 16, 17 anos se tornem dependentes, não vou pensar em querer que ninguém experimente droga. Eu vou trabalhar com os fatores de risco dessa faixa etária, com o que é importante para o jovem dessa idade: a autoestima, a autoimagem, a sexualidade. Quero ver como aqueles jovens estão lidando com a própria imagem corporal, se se sentem bem, feios, desejados, se têm tesão, se não têm, se têm tabus sexuais ou uma atitude muito promíscua. Nessa faixa etária, se der problema nessas áreas, a droga entra de carona.

Há um problema sério em mulheres entre 40 e 50 anos, que

Dr. Dartiu Xavier da Silveira, psiquiatra

abusam de anfetaminas. Nessa faixa etária, meu foco central de trabalho não vai ser o mesmo do jovem de 17 anos. O que significa ter 40, 50 anos para uma mulher? Ela não se sente mais tão bonita? Entrou na menopausa? O marido arrumou uma amante? Os filhos estão saindo de casa? Ou seja, a problemática daquele grupo. É por isso que o trabalho de prevenção tem de ser muito individualizado.

Eu acho que o trabalho de prevenção ao uso de drogas pode começar cedo, com as crianças bem pequenas, mas aí não é para falar sobre droga, é para falar sobre qualidade de vida.

Com uma criança de 6, 7 anos, um pai não vai falar sobre drogas, mas ele pode dar exemplos, como não ficar bêbado na frente da criança. Acho que isso é uma forma de prevenção para essa faixa etária."

E o futuro?

"Sou otimista em relação ao futuro. Acho que a gente aprendeu muito com os erros. Fez coisas que não funcionavam e agora está começando a conseguir desmistificar essa coisa da droga. Por exemplo, lembro que há dez anos, quando eu falava em redução de danos, não havia receptividade. Há cinco anos eu fiz uma palestra num congresso internacional de psiquiatria no Rio de Janeiro. A plateia ficou enfurecida comigo, como se eu estivesse fazendo apologia das drogas, como se eu fosse um maluco. E são essas coisas que eu estou fazendo hoje aqui. Acho que tem havido uma mudança de mentalidade que me faz ver as coisas de uma forma mais otimista.

A repressão é necessária, mas ela não é prevenção. É necessária enquanto controle do tráfico internacional, dessa questão tão problemática."

35. Algumas entidades que trabalham com prevenção, tratamento, pesquisa e orientação

Secretaria Nacional de Políticas sobre Drogas (SENAD)
Órgão do Ministério da Justiça que tem, entre outras finalidades, a de "planejar, coordenar, supervisionar e controlar as atividades de prevenção e repressão ao tráfico ilícito, uso indevido e produção não autorizada de substâncias entorpecentes e drogas que causem dependência física ou psíquica, e a atividade de recuperação de dependentes".
Uma série de publicações e materiais educativos pode ser obtida em formato digital no site da SENAD.
Site: portal.mj.gov.br/senad

Centro Brasileiro de Informações sobre Drogas — Universidade Federal de São Paulo (CEBRID) — Escola Paulista de Medicina — Departamento de Psicobiologia
Diretor: Dr. Elisaldo Araújo Carlini
Rua Botucatu, 862 - 1º andar Vila Clementino
04023-062 São Paulo - SP
(11) 2149-0155 Fax (11) 5084-2793
site: www.cebrid.epm.br
e-mail: cebrid@psicobio.epm.br
Desde 1986, o CEBRID faz levantamentos sobre o uso de drogas entre crianças e adolescentes em situação de rua, e estudantes de Ensino Fundamental e Médio nas várias capitais do país.

Programa de Orientação e Atendimento a Dependente (PROAD), do Departamento de Psiquiatria da Universidade Federal de São Paulo (UNIFESP)

Coordenador: Dr. Dartiu Xavier da Silveira

O PROAD trabalha em cooperação com o Conselho Federal de Entorpecentes (CONFEN), o Programa de Cooperação Técnica Brasil-França, a United States Agency for International Development (USAID), o Ministério da Saúde (DST/AIDS), o Centre Medical Marmottan (França), SOS Drogue International (França), Vila Renata (Itália) e State University of New York (EUA).

Dentro do PROAD funciona o Projeto Quixote, que oferece suporte global para a criança e o adolescente em situação de risco, além de realizar pesquisa e trabalho de formação de profissionais.

PROAD

Av. Prof. Ascendino Reis, 763 Vila Clementino

04027-000 São Paulo - SP

(11) 5579-1543

e-mail: dartiu@psiquiatria.com.br

site: www.unifesp.br/dpsiq/proad

PROJETO QUIXOTE

Coordenador: Dr. Auro Danny Lescher

Av. Eng. Luís Gomes Cardim Sangirardi, 789 Aclimação

04112-080 São Paulo - SP

(11) 5083-0449 / 5572-8433

e-mail: quixote@psiquiatria.epm.br

site: www.projetoquixote.epm.br

Centro de Estudos e Terapia do Abuso de Drogas (CETAD) — Extensão Permanente da Faculdade de Medicina da Universidade Federal da Bahia

Diretor: Dr. Antônio Nery Filho

Rua Pedro Lessa, 123 Bairro do Canela

40110-050 Salvador - BA

(71) 3336-3322 / 3337-1187 Fax (71) 3336-4605

e-mail: cetad@ufba.br

Centro Mineiro de Toxicomania (CMT) — Fundação Hospitalar do Estado de Minas Gerais — Secretaria de Estado de Saúde de Minas Gerais

Diretora: Dra. Ana Regina Machado

Alameda Ezequiel Dias, 365 Santa Ifigênia

30240-040 Belo Horizonte - MG

(31) 3217-9000 Fax (31) 3217-9008

e-mail: diretoria@cmt.mg.gov.br

www.cmt.mg.gov.br

Centro Eulâmpio Cordeiro de Recuperação Humana (CE-CRH) — Fundação de Saúde Amaury de Medeiros da Secretaria de Saúde do Estado de Pernambuco

Diretora: Dra. Suely Matos

Rua Rondônia, 100 Zumbi

50720-710 Recife - PE

(81) 3232-7630

e-mail: bcmatos@hotlink.com.br

Núcleo de Estudos e Pesquisas em Atenção ao Uso de Drogas (NEPAD) — Universidade do Estado do Rio de Janeiro

Diretora: Dra. Maria Thereza Costa de Aquino

Rua Fonseca Teles, 121 - 4º andar São Cristovão

20940-200 Rio de Janeiro - RJ

(21) 2589-3269 Fax (21) 2589-4222

e-mail: sbnepad@uerj.br

site: www.lampada.uerj.br/nepad

Unidade de Tratamento de Dependência Química do Hospital Mãe de Deus — Fundação de Incentivo a Pesquisa em Álcool e Drogas (FIPAD)

Coordenador: Dr. Hernani Luiz Júnior

Rua Costa, 30 - 3º andar

90110-270 Porto Alegre - RS

(51) 3231-4536 / 3230-2060

e-mail: fipad@maededeus.com.br

Grupo Interdisciplinar de Estudos de Alcoolismo e Farmacodependências — Instituto de Psiquiatria do Hospital das Clínicas (GREA) — FMUSP
Coordenadores: André Malbiergier e Sandra Scvoletto
Rua Dr. Ovídio Pires de Campos, s/n
05403-010 São Paulo - SP
(11) 3069-7891
e-mail: grea@usp.br
site: www.grea.org.br

PROSAM
A Associação Pró-Saúde Mental é uma organização não governamental, formada por uma equipe multidisciplinar especializada em dependência química, que atende gratuitamente os dependentes de álcool ou outras drogas, sem discriminação de idade, cor, sexo e religião. Há só uma restrição: a pessoa tem que querer se tratar.
(11) 3862-1385 / 3875-4068

Narcóticos Anônimos (NA)
site: www.na.org.br

Associação Nacional dos Defensores Públicos (ANADEP)
site: www.anadep.org.br

Comissão Brasileira sobre Drogas e Democracia
site: cbdd.org.br

Núcleo de Estudos Interdisciplinares sobre Psicoativos
site: www.neip.info

Observatório Brasileiro de Informações sobre Drogas
site: www.obid.senad.gov.br

36. **Bibliografia comentada**

Um guia para a família. Publicação oficial da Secretaria Nacional de Políticas sobre Drogas (SENAD). Textos elaborados por Dartiu Xavier da Silveira e Evelyn Doering Xavier da Silveira. Com linguagem simples e objetiva, responde às principais perguntas que os pais costumam fazer sobre drogas.

Dependência: compreensão e assistência às toxicomanias (uma experiência do PROAD). Dartiu Xavier da Silveira Filho e Mônica Gorgulho (orgs.). São Paulo: Casa do Psicólogo, 1996. Descreve e analisa a maneira como cada técnico da equipe do PROAD enfoca o trabalho com os dependentes.

V Levantamento sobre o consumo de drogas psicotrópicas entre estudantes do ensino fundamental e médio da rede pública de ensino nas 27 capitais brasileiras — 2004. José Carlos F. Galduróz, Ana Regina Noto, Arilton Martins Fonseca, E. A. Carlini (supervisão) (*et al.*). São Paulo: CEBRID, 2006.

II Levantamento domiciliar sobre o uso de drogas psicotrópicas no Brasil: estudo envolvendo as 108 maiores cidades do país — 2005. E. A. Carlini (supervisão) (*et al.*). São Paulo: CEBRID, 2006.

Drogas e drogadição no Brasil. Richard Bucher. Porto Alegre: Artes Médicas, 1992.

Com abordagem objetiva e científica, isenta de sensacionalismo, o livro enfoca a droga como fenômeno que abrange aspectos afetivos, sociais e antropológicos.

Drogas: hegemonia do cinismo. Maurides de Melo Ribeiro e Sérgio Dario Seibel (orgs.). São Paulo: Fundação Memorial da América Latina, 1997.

O livro enfoca as implicações políticas, sociais, antropológicas, psicológicas e legais das drogas.

A droga à luz da razão. Richard Bucher. São Paulo: Conselho Estadual de Entorpecentes e Secretaria da Justiça e da Defesa da Cidadania, 1993.

O autor é psicanalista e fundador do Centro de Orientação sobre Drogas e Atendimento a Toxicômanos (CORDATO). O livro aborda de forma direta a questão das drogas no Brasil.

Manual de medicina da adolescência. Sandra Scivoletto. Belo Horizonte: Livraria e Editora Health, 1997.

A autora é coordenadora do Grupo Interdisciplinar de Estudos de Álcool e Drogas (GREA). O livro, dirigido a profissionais e estudiosos, aborda temas como o uso de drogas legais e ilegais, sexualidade, anorexia nervosa e bulimia, depressão e suicídio na adolescência, entre outros.

Brasil: aqui ninguém dorme sossegado. Violações dos direitos humanos contra detentos. São Paulo: Seção Brasileira da Anistia Internacional/ Amnesty International Publications, 1999.

No item 7.5 — Encarceramento excessivo, a Anistia Internacional preocupa-se com o grau excessivo de internação de menores no Brasil, apesar do Artigo 19(1) das Regras Mínimas para Administração da Justiça a Menores que diz: "A colocação de um menor em instituição será sempre medida de último recurso e adotada pelo período mais curto necessário". Critica também "as condições hediondas e a violência que costumam caracterizar" tais instituições, além da falta de defensores públicos disponíveis para defender os jovens no Juizado da Infância e da Juventude.

"A mídia na fabricação do pânico de drogas: um estudo no Brasil", de Beatriz Carlini-Cotrim, José Carlos F. Galduróz, Ana Regina Noto e Ilana Pinsky, *in Comunicação & Política*, n.s., v. 1, nº 2, 1994, pp. 217-30.

Análise de artigos da imprensa brasileira entre 1960 e 1989, comprovando o tratamento sensacionalista conferido às drogas ilegais, enquanto os problemas consideravelmente mais graves associados ao uso do álcool e do tabaco têm pouco destaque.

Outras fontes:

O CEBRID (Centro Brasileiro de Informações sobre Drogas Psicotrópica) publicou uma série de folhetos, redigidos por especialistas nas áreas de Biologia, Bioquímica, Farmácia, Medicina, Psicologia e Sociologia, dirigidos a estudantes a partir da 6ª série do Ensino Fundamental.

Com textos simples e objetivos, os folhetos abordam a história e as características de cada droga, seus efeitos e os riscos de dependência. Entre esses folhetos, destacam-se:

"O que são drogas psicotrópicas"; "Tabaco"; "Bebidas alcoólicas"; "Solventes ou inalantes"; "Maconha"; "Cocaína — pasta de coca, crack e merla"; "Cogumelos e plantas alucinógenas"; "Calmantes e sedativos — os barbitúricos"; "Anfetaminas — bolinhas e rebites"; "Tranquilizantes ou ansiolíticos — os benzodiazepínicos"; "Perturbadores (alucinógenos) sintéticos — LSD-25 (ácido) e MDMA (*ecstasy*)"; "Ópio e morfina — papoula do Oriente, opiáceos e opioides"; "Anticolinérgicos — plantas e medicamentos"; "Esteroides anabolizantes".

O Banco de Injustiças (www.bancodeinjusticas.org.br), uma iniciativa conjunta da Comissão Brasileira sobre Drogas e Democracia (CBDD) e a Associação Nacional dos Defensores Públicos (ANADEP), que promove o debate jurídico sobre a ausência de princípios básicos constitucionais na Lei de Drogas, como o direito à saúde, as limitações do poder punitivo do Estado e, sobretudo, o caráter democrático do Estado de Direito. Apresenta casos, dados e pesquisas no Brasil e no mundo.

No mesmo site, ver *Política de drogas: novas práticas pelo mundo* — organizado pela Comissão Brasileira sobre Drogas e Democracia. Reúne relatos de experiências alternativas ao tradicional tratamento repressivo ao tráfico de drogas, e artigos que tratam da legalização de algumas substâncias, da atenção aos usuários sob a perspectiva da redução de danos.

Agradecimentos

A todos os usuários e não usuários que concordaram em dar seus depoimentos de vida e aos profissionais cuja colaboração foi fundamental para a realização deste livro:

Dr. Dartiu Xavier da Silveira, coordenador do PROAD; Dr. Auro Danny Lescher, coordenador do Projeto Quixote; Cecília Motta, psicóloga do PROAD e do Projeto Quixote; Dorot Wallach Verea, psicóloga da PROSAM; Armando Tambelli Júnior, orientador educacional da Escola da Vila; João Alberto Afonso, advogado; Marcio Sergio Christino, Procurador de Justiça do Ministério Público do Estado de São Paulo; Eduardo Ferreira Valério, Promotor de Justiça de Direitos Humanos do Ministério Público do Estado de São Paulo; Elpídio Francisco Ferraz Neto, integrante da Defensoria Pública; Pedro Abramovay, professor da FGV-RJ e coordenador do site www.bancodeinjusticas.org.br.

ESTE LIVRO FOI COMPOSTO EM SABON, ROTIS
SANS E IMAGO PELA BRACHER & MALTA,
COM CTP DA NEW PRINT E IMPRESSÃO DA
GRAPHIUM EM PAPEL ALTA ALVURA 75 G/M^2
DA CIA. SUZANO DE PAPEL E CELULOSE PARA
A EDITORA 34, EM FEVEREIRO DE 2012.